초보 셀러를 위한

라이브커머스 성공 비밀노트

초보 셀러를 위한

라이브커머스 성공 비밀노트

장기진(라이브커머스 전문진행자) 지음

비대면 시대 경제적 자유를 가져다줄
라이브커머스의 기초와 실전 노하우!

중앙경제평론사

★★★ 머리말 ★★★

라이브커머스의 시대가 펼쳐지고 있다.

28년간 방송보다 라이브 현장에서 더 많은 시간을 보냈고, 온라인보다 오프라인으로 소통을 했었다. 코로나19 이후 많은 것이 변화되고 축제도 랜선으로 진행되면서, 자연스럽게 스마트폰과 영상으로 소통하는 시대가 되었다.

지역의 특산품이나 사회적 기업의 상품들이 온라인 축제에서 라이브커머스를 통해 판매되는 요즘이다. 라이브커머스는 이처럼 오프라인 시장의 어려움을 해소하고 주민 참여를 이끌어내는 계기가 되었다.

TV보다 유튜브를 더 많이 보고 텍스트보다 영상을 즐기는 모습들은 라이브커머스가 더 성장하고 있다는 것을 보여준다. 이제 라이브커머스는 대중화되어가는 추세이고, 누구에게나 시작할 기회가 주어지고 있다.

하지만 대중에게 각인된 라이브커머스 쇼호스트의 이미지는 일반인과 조금 동떨어져 있다. 쇼호스트라면 왠지 화려한 외모와 능숙한 말솜씨로 소비자에게 상품을 소개하고 판매해야 할 것만 같다. 그래서 많은 사람들이 오랜 시간 교육을 받아야 한다는 부담을 느끼고 있고, 그렇게 교육을 받은 사람들조차도 시작할 엄두를 못 내고 있다.

반면 필자가 말하는 라이브커머스는 소통으로 소비자에게 정보를 제공함은 물론, 신뢰를 바탕으로 판매가 이루어지는 것을 기본으로 삼고 있다.

라이브커머스를 필요로 하는 사람들과 반드시 해야 하는 사람들이 이 책을 통해 동기 부여가 되고 자신의 능력을 믿음으로써 라이브커머스를 실행할 수 있기를 바란다.

★★★ 차례 ★★★

1장

오프라인 경제 활동의 위기

미래를 창조하기에 꿈만큼 좋은 것은 없다.

오늘의 유토피아가 내일 현실이 될 수 있다.

– 빅토르 위고

코로나19로 인간의 욕구 5단계가 무너지고 있다

2019년 코로나바이러스 감염증이 발생하였다. 처음에는 해마다 찾아오는 바이러스일 거라고 생각하면서 개인위생에만 신경을 썼다. 하지만 점점 이 감염증이 전 세계로 퍼져나가 팬데믹이 되어버렸다. 분위기가 심상치 않았다. 코로나19라고 명명된 이 전염병으로 인해 세계적으로 사망자가 속출했다. 바이러스의 두려움을 느낀 사람들은 무척 예민해졌다.

전년도보다 많은 스케줄 덕분에 나는 기분 좋게 2020년을 준비하고 있었다. 아프리카돼지열병이나 조류독감, 구제역 같은 전염병이 발생하면 지역축제는 취소나 연기가 되었지만, 기업이나 관공서의 행사들은 규모를 축소해서라도 큰 차질 없이 진행해왔었다. 하지만 이번에는 느낌이 달랐다.

이미 아프리카돼지열병 때문에 수도권의 몇몇 행사가 타격을 입은 상황에서 코로나19가 유행하였다. 매스컴에서 심각하게 다루던 아프리카돼지열병의 관련 기사들이 사라질 정도였다. 매일 코로나19 관련 기사가 쏟아지는 현실을 보면서, 마침내 올 것이 왔다는 생각이 들었다.

나는 마음을 굳게 먹고 책 집필에 착수했다. 자신을 위로하면서 마음을 한곳에 집중하려고 노력했다. 2월과 3월의 일정들이 5월로 연기된다는 연락이 오기 시작했다. 마음을 내려놓고 책 쓰기만을 꾸준히 했다. 사실 책 쓰기는 나와는 아주 거리가 먼 분야였지만 개의치 않았다.

평소보다 시간적 여유가 많아진 이때야말로 미지의 분야에 도전할 적기였다. 유튜브와 블로그를 시작하고 Zoom 화상회의 시스템을 공부했다. 그렇게 독학으로 디지털 세계에 진입하여 SNS에 대한 관심도 조금씩 키워나갔다.

2개월만 버티면 코로나19가 가라앉으리라고 생각하면서 새로운 분야에 집중하다보니 시간은 빠르게 지나갔다. 하지만 코로나19는 진정될 기미가 보이지 않고 더 기승을 부렸다. 그 여파로 문화예술계와 오프라인 강연 분야는 모두 취소되거나 일정 자체가 없어졌다. 사회적 거리 두기를 위반할 수는 없었으므로,

사람들이 모일 수 있는 곳에서는 어떤 프로그램도 진행할 수 없었다.

대부분의 오프라인 프로그램들이 중단될 때, 온라인에서는 그 전부터 조금씩 활동하던 사람들이 엄청나게 성장했다. 더불어 온라인 플랫폼도 활기를 띠었다. 오프라인의 경제는 불황을 맞고 온라인의 시장은 호황을 맞이했다. 그리고 여기서 아날로그 세대와 디지털 세대의 격차가 두드러졌다.

아날로그에 익숙한 사람들은 바깥 활동을 해야 한다. 직접 보고 느끼고 즐기면서 살아가야 활기를 찾는다. 그러면서 제일 기

매슬로(Maslow)의 욕구단계설

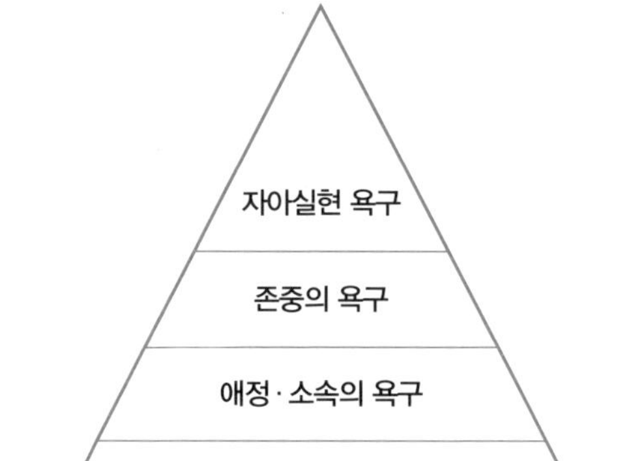

본적 욕구인 생리적, 생존의 욕구를 충족한다. 하지만 코로나19의 확산 탓에 그 위의 단계인 안전의 욕구마저 장담하기 어려워졌다.

이런 상황이 이어진다면 경기가 나빠질 것은 불 보듯 뻔한 일이었다. 한 해 동안 가장 바쁜 시즌인 5월과 6월에 바이러스는 더 맹위를 떨쳤다. 연기되었던 일정들은 무기한 연기 내지는 취소되어갔다.

문화예술 계통의 종사자들은 천직을 뒤로 한 채, 먹고살기 위해 다른 직업을 찾아 나섰다. 나 또한 지인들로부터 방역회사를 운영할 것을 권유받았지만, 평생 해오던 일을 뒤로 하고 다른 길을 갈 수 없었다. 내가 몸담고 있던 일도 시대의 변화에 따라 변해야 한다고 생각했다.

대부분의 사람들이 이대로는 안 되겠다는 마음으로 새로운 것에 도전하고 배우기 시작했다. 나는 지난해 책을 쓰면서 다양한 분야의 독서를 하였고, 그러면서 내면을 다지는 글들을 많이 접했다. 하지만 현실은 나와 동종업계에 종사하는 사람들을 괴롭혔다. 그래도 꺾이지 않고 무엇을 하면 나의 재능을 이어나갈 수 있을지를 생각했다.

2020년 나의 계획은 27년간 해오던 오프라인 MC를 계속하면서 책 출간 후 왕성한 활동을 하는 강연자가 되는 것이었는데, 계획을 수정하여야만 했다. 팬데믹 이후의 사회 경제 전반에 대하여 학자들도 한 치 앞을 예측하지 못했다. 그러는 가운데 온라인에서는 엄청난 정보들이 쏟아져 나왔다.

정보를 전달하는 방식도 텍스트에서 동영상으로 전환되고 있었다. 몇 번의 클릭만으로 궁금증을 해결할 만큼 속도와 정확성이 개선되었고, 동영상을 보면서 스스로 학습도 가능할 정도의 퀄리티가 만들어졌다. 이렇게 빠르게 변화하는 가운데 내가 방심을 한다거나 주저앉으면 영원히 뒤처질 것이라는 생각을 하였다.

전문가들이 어떻게 앞을 내다보는지 나는 이번에 조금 경험할 수 있었다. 팬데믹 이후 경제를 예측한다면서 앞다퉈 출간된 책들을 보며 나는 정보를 얻고, 유튜브와 Zoom, 블로그와 인스타그램, 페이스북 같은 SNS도 독학했다.

경기의 불황은 분기별 경제성장률을 보면 알 수 있다. 어쨌든 코로나19로 인하여 수출길은 막혔고, 사회적 거리 두기로 내수도 어려운 상황이라 경기침체는 예측하기도 전에 눈앞에 와 있었다. 분기별 경제성장률보다도 사회 전반적으로 느끼는 불안감과 요동치는 코로나19 확진자 수 때문에 계획이라고는 세울 수 가 없었다.

그래서 나는 오프라인을 뒤로 하고 온라인에 집중했다. 파워포인트도 해본 적 없던 내가 스스로 공부하면서 강의안을 만들고, 온라인 강의 플랫폼과 커뮤니티에서 활동하게 되었다. 현재 상황에서 믿을 것이라고는 온라인밖에 없었다. 실행주의인 성격이라서, 어설프지만 강의안을 만들고 온라인 저자 특강부터 경매까지 닥치는 대로 할 작정이었다.

나는 책 출간 후 강의 데뷔를 온라인에서 했다. 그것도 저자 무료 특강이었다. 그 후 강의를 하려는 사람들이 많다는 것을 알고 강연자 과정을 개설하였고, 몇몇 저자님들에게 실전에서 말을 하는 방법을 코치하였다.

대부분의 저자님들이 책을 출간하고 베스트셀러가 되지 않으면 그냥 출간한 것으로 끝나는 것이 나로서는 안타까웠다. 그분들의 전문 분야를 이야기로 풀어내고 강연할 수 있게 만들기 위한 과정을 설계하였다. 그분들과는 지금도 서로가 일하는 분야를 응원해주면서 부족한 부분은 도와가며 잘 지내고 있다.

요즘 강의를 하기 위해서는 PPT를 다루어야 하고, 온라인 강의라면 카메라에도 적응하여야 한다. 나는 짧은 기간에 저자님들이 적응할 수 있도록 쉬운 방법으로 코치하였다. 그러면서 나도 성장하고 저자님들과 더 자주 소통할 수 있게 되었다. 코치하기 위해 공부하고, 가르치면서 성장하는 가운데 디지털의 활용 방안을 습득하였다. 내가 독학으로 터득한 지식들이 엄청난 도움이 되는 시간이 있었다.

웨비나(Webinar)

웹(Web)과 세미나(Seminar)의 합성어. 영상회의 소프트웨어를 사용하여 웹상에서 이루어지는 발표, 강의, 워크숍, 세미나 등을 의미한다. 단일방향으로 진행되는 웹캐스트(Webcast)와 달리 발표자와 청중 간 양방향으로 정보공유가 가능하다.[1]

나는 틈만 나면 유튜브 영상을 찍고 페이스북과 인스타그램 라이브 방송을 켰다. 오랜 시간 마이크로 진행하는 것과 소셜라이브를 진행하는 것은 많이 달랐다. 하지만 어색해도 그 모습을 삭제하지 않고 그대로 시청자들이 볼 수 있게 게시해 두었다. 여전히 어설픈 나도 이렇게 해나가고 있으니까 누구나 시작할 수

1) 지석호 · 정요훈 · 김영오, 〈실시간 온라인 웨비나(Webinar) 활용방안 연구〉, 《대한토목학회지》 제64권 제11호, 대한토목학회, 2016

있다는 메시지를 전달하고 싶었기 때문이다.

지난 2월 연기되었던 지역축제가 온라인 축제로 전환되면서, 조금씩 공부했던 Zoom과 유튜브 같은 온라인 기능들을 사용할 수 있는 기회를 맞이하였다. 유튜브는 댓글을 이용해서 소통하고, Zoom 시스템은 상대를 보면서 소통한다. 프로그램을 운영하는 데에 인터넷의 문제만 없다면 어려울 것은 전혀 없었다.

그래서 이번 온라인 영덕대게축제는 유튜브 실시간 방송을 하면서 Zoom으로 참가자들의 신청을 받아 쿡방과 다양한 프로그램을 진행했다. 오랜 시간 바깥 활동을 자유로이 하지 못했던 사람들은 온라인에서 즐길 수 있어 감사하다는 댓글들을 보내주었다. 그리고 축제가 진행되는 동안 방송 시간이 되면 단골처럼 찾아주었다.

온라인 축제를 통해 지역의 특산품이나 사회적 기업에서 생산하는 상품들을 유튜브 실시간으로 판매하는 라이브커머스를 진행할 수 있었다. 오프라인 시장의 어려움을 해소하고 주민 참여를 이끌어내는 계기가 되었다.

참여하는 지역민들은 처음에는 큰 기대를 하지 않고 마지못해 참여하는 듯했다. 하지만 생산 현장에서 라이브 방송을 통해 판매될 수 있다는 것을 경험하면서, 그다음 방송을 할 주민들은 미리 방송을 시청하고 차례를 기다리는 듯 보였고 구독과 댓글도 남겨주었다. 직접 방송에 참여하셨던 분들도 좋은 경험을 하셨다며 처음과는 다르게 표정이 밝아지셨다.

프로그램을 진행하면서 나는 작은 목표가 생겼다. 사실 코로나19 이전부터 농수산물 판매의 어려움을 겪는 분들을 보면서 생산자와 소비자가 바로 연결되면 좋겠다고 생각했었다. 지금이라도 실현할 수 있어 다행이었다.

방송이 끝나고 그분들에게 이제는 생산에만 힘을 쏟고 판매는 편하게 하라고 말씀드렸다. 그분들은 신기해하면서도, 바이러스가 창궐해서 사람들이 밖에는 잘 나오지 않지만 이렇게 온라인으로 주문을 하면 팔 수 있겠다고 하셨다.

코로나19가 사람들에게는 큰 짐이지만, 어려움을 겪으면서도 사람들은 변화가 오고 있다는 것을 인식하고 그 변화에 적응하기 위한 노력을 하고 있다.

라이브커머스(Live Commerce)

라이브 스트리밍(Live Streaming)과 커머스(Commerce)의 합성어. 라이브 스트리밍을 통해서 물건을 사고파는 미디어커머스를 일컫는다. 여기서 가장 큰 특징은 라이브라는 점으로 실시간 소통과 커머스를 결합해 재미

를 극대화하면서 새로운 쇼핑 문화를 선도하는 것이다.[2)]

전화위복이라는 표현이 맞을지는 모르겠지만, 이처럼 어려운 시기에 마음이 약해져서 주저앉으려는 사람들도 많다. 그러지 않기 위해 많은 사람들이 온라인에서 자기계발을 하고 있다. 강의도 듣고 책도 읽으면서 정작 실천하지 않는 경우가 많은데, 나는 잘 견디고 이겨내야 한다는 마음뿐이었다.

흔히 강한 사람이 버티는 것이 아니라 버텨낸 사람이 강하다는 말을 한다. 평소와 똑같이 버티면 금세 기운이 빠질 뿐이다. 빠른 변화에 적응하기 위한 노력과 자기계발을 하면서 버티면, 코로나19가 안정될 때 성장한 모습으로 다시 힘차게 전진할 수 있을 것이다.

요즘 TV를 보고 싶은 마음이 없어진다. TV를 켜면 제일 먼저 확진자가 얼마며 사회적 거리 두기로 자영업자들이 가게 문을 닫았다는 내용들만 나오기 때문이다. 어려움에 처한 사람들이 위기를 극복하도록 자기 마인드 만드는 방법을 가르쳐주고, 팬데믹 이후의 변화에 대해서도 자주 알려준다면 차라리 나았을

2) 주용완, 〈국내 라이브 커머스 플랫폼 시장 진단〉, 《KISA Report》 2021년 3월호, 한국인터넷진흥원, 2021

것이다. 상황이 정리되기만을 기다리는 자세는 옳지 않다고 생각한다.

그렇게 한 해가 지나고 유명한 맛집과 카페들도 문을 닫는 경우가 많아졌다. 대기업은 영업이익이 늘어나는데, 중소기업과 소상공인들은 코로나19로 인한 피해를 몸으로 느끼고 있다. 시간이 지나면서 두려움이 분노가 되어 피켓을 들고 거리로 나오는 사람들과 코로나 블루로 우울증을 호소하는 사람들도 늘어나고 있다. 이 시기에 조금이라도 헤쳐 나갈 방법은 없는 것인지 찾아보는 노력이 필요할 때다.

그중 하나가 비대면 정보 제공 그리고 소통까지 할 수 있는 온라인커머스라고 생각한다. 코로나19가 아니어도 온라인커머스는 천천히 생활 속으로 들어왔을 터였다. 그런데 코로나19로 인해 준비 없이 곧바로 실행되고 있다. 온라인커머스 시장에 대해서는 뒤에 언급하겠다.

Live 온라인 전성시대

"온라인 하면 생각나는 것은 무엇입니까?"

나는 게임과 정보검색이 전부라고 생각했다. 온라인과 컴퓨터 프로그램을 잘 몰랐었기 때문이다. 프리랜서 진행자로 현장에서 라이브로만 진행을 해왔었고, 컴퓨터로는 워드 작업과 메일 송수신 외에는 음악을 다운로드하는 정도가 전부였다. 그랬던 나에게 코로나19가 온라인과 SNS를 할 수 있게 해주었다.

지금도 내 주위에는 컴퓨터와 담을 쌓고 사는 이들도 많다. 아날로그 감성에 더 익숙한 탓이다. 컴퓨터 능력이 필요할 때 지인들에게 부탁하거나 정말 중요한 일은 전문가에게 의뢰하게 되는데, 나는 컴퓨터보다 스마트폰에 먼저 적응했고 동영상 편집도 앱으로 하며 웬만한 자료는 문자나 카톡으로 처리한다.

그러던 내가 책 출간 후 강의를 하기 위해 파워포인트를 독학하고 그때부터 조금씩 디지털을 접했다. 지금은 컴퓨터가 아닌 스마트폰으로 모든 것을 해낼 수 있는 시대가 되었다. 어떻게 하다 보니 컴퓨터를 조금 다룰 줄 알고 스마트폰도 기본은 할 줄 아는 사람이 되어 있었다. 만약 모르는 부분이 있으면 유튜브에 검색해서 동영상만 따라하면 아주 쉽게 된다.

지난여름 코로나19가 확산되어 소상공인들이 힘들어할 때, 정부에서는 전국 재래시장을 중심으로 '대한민국 동행세일'이라는 프로그램을 추진했다. 나는 현장에서 보이는 라디오를 진행하면서 좀 더 홍보할 수 있으면 좋겠다는 마음으로 유튜브 실시간을 함께 진행했다.

ⓒ 중소벤처기업부, https://www.mss.go.kr

홍보도 하지 않고 그냥 열어두었던 채널에 사람들이 접속하여 소통의 기회가 생겼다. 재래시장 상인들에게 유튜브에 접속해서 채널 검색하면 실시간으로 볼 수 있다고 알려드렸지만, 알아듣는 분이 몇 되지 않았다. 스마트폰의 기능을 활용할 수 있는 교육이 절실했다.

얼마 후 다른 곳에 진행할 때는 상황이 달랐다. 상인들이 스스로 유튜브에 접속하고 댓글도 올리면서 상당히 적극적이셨다. 처음에 습득하기가 힘들고 방법을 알기까지 조금 귀찮아서 그렇지, 적응하고 나면 TV보다 더 편하고 자주 본다고도 하셨다. 어르신들은 현장의 모습을 스마트폰으로 보시면서 기분 좋아하셨고, 방송하는 곳과 조금 떨어진 곳에서 장사하시는 분들 중에는 방송하는 곳까지 확인차 다녀가시는 분들도 계셨다.

신청곡을 댓글로 올려달라고 하면 유튜브를 볼 줄은 아는데 문자를 못 찍는다고 하시면서 종이에 삐뚤빼뚤 글을 적어온 분도 계셨다. 그중에는 같은 자리에서 30년 옷가게를 하시는데 이제 손님이 없어 그만두려 한다는 분도 계셨다. 벌써 주변 상가는 그만두고 나간 사람들이 많다면서 그분은 안타까워하셨다.

나는 진행을 할 때 시간이 조금 지체되어도 이런 분들의 이야기를 대부분 경청하는 쪽이다. 얼마나 말씀하실 곳이 없으면 종이에 한 장 가득 써와서 꼭 읽어달라고 하시겠는가.

바쁜 세상 사람들은 예전과 다르게 누군가의 사연에 큰 관심은 없다. 나는 단지 그분의 마음을 풀어드리고 싶었다. 그런 분들을 만나면 문자나 카톡을 평소에도 보내주시라고 말씀드린다. 지역 전통시장에서 일하시는 연세 지긋하신 분들은 문자와 카톡을 겨우 다루시지만, 이렇게 말씀드리면 스마트폰을 조금씩 배우려는 분들도 계신다.

OBS Studio

비디오 녹화 및 생방송을 위한 무료 오픈 소스 소프트웨어. 실시간으로 영상·음성을 캡처하고 믹싱과 필터, 장면 전환 등을 수행하면서 다양한 동영상·음성 서비스를 전달할 수 있는 프로그램이다. OBS는 Open Broadcaster Software의 약어다.[3]

유튜브 실시간 스트리밍을 효과적으로 하기 위해 OBS프로그램을 다운로드해서 파워포인트로 내용을 작업하고 실시간 방송 후 바로 업로드되도록 운영하고 있다. 편집을 하지 않았기 때문

3) OBS Studio, https://obsproject.co.kr

에 시청자들은 실제 영상의 질을 그저 그렇게 보겠지만, 나는 라이브 MC이고 앞으로 라이브커머스를 진행하기 위해서는 그런 방식이 옳다고 생각했다.

유튜브 영상을 촬영할 때는 누구나 어색하고 촬영 후 편집을 고민한다. 이런 고민 때문에 쉽게 시작하지 못하는 사람들이 많다. 하지만 내가 아무리 열심히 찍고 정성껏 편집해서 업로드해도 콘텐츠에 따라 편집 기술과는 전혀 상관없이 많이 볼 수도, 관심이 없을 수도 있다. 그래서 주위에 유튜브로 고민하는 사람들을 만나면, 아무도 관심 갖지 않으니까 편하게 업로드하라고 입버릇처럼 말한다.

나는 책을 출간하고 나서 네이버 인물검색에 프로필을 등록하였다. 블로그와 인스타그램 그리고 페이스북까지 공개되어 있다. 지금은 온라인 전성시대이고 급변하는 디지털시대이기 때문에, 내 이름을 온라인에서 검색하였을 때 나타나야 어느 정도 활동을 하는 사람이라고 생각한다.

인물검색이 되고 난 뒤에는 엄청나게 편해졌다. 이름 석 자만 알려줬을 뿐인데 블로그 이웃 신청을 해왔고, 유튜브 '장기진 Live' 채널이라고 말하면 검색해서 구독하고 페이스북까지 찾아서 친구 신청을 해왔다. 하나가 노출되면 줄줄이 공유가 되니 나를 브랜딩하는 데는 정말 좋은 것 같다.

인물검색에서 MC로 나오든 작가로 나오든 그것은 중요하지 않다. 나로서는 28년 동안 한길만 걸어왔는데 이제야 온라인을 활용할 줄 안다는 것이 놀라울 뿐이다. 가끔 노출은 되었지만 그때는 관심을 두지 않았었다. 하지만 지금은 보도가 나오면 캡처해서 보관하고 포스팅할 때도 있다.

온라인의 장점은 쉽게 친해질 수 있다는 것이다. 블로그에서는 이웃, 인스타그램에서는 팔로워, 페이스북에서는 친구라는 단어를 사용해 친근감을 높여준다.

아침잠에서 깨면 스마트폰부터 본다. 페이스북으로 호주의 앞집에 살던 보니와 아침 인사를 하고, 인스타그램에서 일론 머스크에게 '좋아요'를 눌러주고, 단톡방에도 인사를 한다.

유튜브는 어느 공영방송국보다도 더 빠르게 뉴스가 업로드되고 전 세계 사람들이 볼 수 있어 사람들을 하나로 모아주는 역할도 한다. 물론 중국은 자체 채널을 이용한다.

예전에는 식당에서 아이들이 뛰어다니지 못하게 놀이 시설을 만들어 한곳에 모았다. 하지만 지금은 아이들에게 스마트폰을 쥐어 주면 식사를 마칠 때까지 통제할 필요가 없어졌다.

지갑도 필요 없고 통장도 필요 없으며 심지어 신분증도 필요 없게 되었다. 아직까지 해킹의 위험은 여전히 존재하지만, 사람들은 그것보다 편리함이라는 것을 알아버렸기 때문에 지갑은 두고 오더라도 스마트폰은 꼭 챙겨 다닌다.

한때 TV홈쇼핑에 중독된 사람들이 많았다. 돌아서면 집에 물건이 도착하는데, 광고와는 다르게 사용해보면 별로인 상품들도 있었다. 그 후 인터넷쇼핑이 좋아져서 빠른 배송과 구입의 편리함이 더해졌다.

예전에는 주로 컴퓨터로 주문을 하였다면 지금은 인터넷쇼핑도 스마트폰을 많이 이용한다. 온라인 전성시대가 되는 데에는 스마트폰 기술을 발전시킨 삼성이나 애플처럼 기업의 영향력이 크다고 할 수 있다.

그렇게 스마트폰을 이용하다보니 이제는 홈쇼핑과 인터넷쇼핑에서 라이브커머스로 자연스럽게 넘어온 것이다. 라이브커머스는 유통의 또 다른 형태로 보인다. 옥션, G마켓, 11번가처럼 오픈 마켓과 쿠팡, 위메프, 티몬처럼 소셜커머스 형식이 있다. 소셜커머스는 공동구매 형식을 가진 통신판매업자이고, 오픈 마켓은 통신판매중개자 역할을 하였다.

전자상거래 등에서의 소비자보호에 관한 법률

[제2조 2항]

"통신판매"란 우편 · 전기통신, 그 밖에 총리령으로 정하는 방법으로 재화 또는 용역(일정한 시설을 이용하거나 용역을 제공받을 수 있는 권리를 포함한다)의 판매에 관한 정보를 제공하고 소비자의 청약을 받아 재화 또는 용역을 판매하는 것을 말한다. 다만, 〈방문판매 등에 관한 법률〉 제2조 제3호에 따른 전화권유판매는 통신판매의 범위에서 제외한다.

[제2조 3항]

"통신판매업자"란 통신판매를 업(業)으로 하는 자 또는 그와의 약정에 따라 통신판매업무를 수행하는 자를 말한다.

[제2조 4항]

“통신판매중개”란 사이버몰(컴퓨터 등과 정보통신설비를 이용하여 재화 등을 거래할 수 있도록 설정된 가상의 영업장을 말한다)의 이용을 허락하거나 그 밖에 총리령으로 정하는 방법으로 거래 당사자 간의 통신판매를 알선하는 행위를 말한다.[4)]

코로나19 때문에 힘들지만 그로 인해 더 빠르게 온라인이 발전하고 있다. 온라인 전성시대의 핵심은 소통이다. 우리는 그것을 알아가면서 변화에 적응하고 있다. 비대면과 사회적 거리 두기로 인해 사람들은 스마트폰을 더 가까이하면서 자연스럽게 기능들도 습득하고 있다. 지역에 국한되었던 만남이 비대면 프로그램을 통해 전국과 전 세계로 확장되었다. 온라인 덕분에 사회적 거리 두기와 모든 분야의 비대면 운영이 가능한 것이다.

Zoom으로 만나 강의 듣고 대화하면서 자기 성장을 하는 사람들도 있다. 계속 온라인과 담을 쌓고 살았을 나 같은 사람에게는 이런 시간이 오히려 배움의 기회가 되었다. 나는 디지털이 빠르게 변하고 성장한다는 것을 체험하고 있다. 하루하루 새로운

---

4) 국가법령정보센터, https://www.law.go.kr

기능을 익히다보니 1년 전의 자신과 비교도 되지 않을 만큼 성장했다는 것이 느껴진다.

사람은 아는 것이 있어야 자신의 부족함을 찾아 질문을 하는데, 그전에는 전혀 몰랐기 때문에 질문을 할 것도 없었다. 새로운 것을 알아갈 때마다 즐거움을 느끼고, 변화하는 시대에 적응하고 있다는 느낌을 받는다. 그럴 때면 다행이라는 생각이 든다. 어느 순간 시대의 변화와 나란히 할 수 있는 시간이 있을 것이고, 때로는 앞서 나갈 수 있지 않을까 하는 바람도 품는다.

아직 디지털에 적응하지 않은 사람들이 많아서 그들과 함께할 수 있는 방법을 조금씩 찾고 있다. 그중 하나가 생산자들에게 직접 라이브커머스 진행을 코치하는 것이다.

온라인과 오프라인을 공유할 수 있는 대표적 방법이 바로 라이브커머스 진행이다. 온라인에 접속해 있는 사람들과 현장에서 생산하고 있는 판매자가 스마트폰 하나로 연결되어 정보를 주고 질문을 한다. 이러한 소통의 시간을 통해 좋은 상품을 원하는 가격으로 구입하고 판매할 수 있는 시대가 되었다.

사람들은 소통을 원한다

통(通)하면 통(通)하고 통(通)하지 않으면 통(痛)한다. 여기서 말하는 통은 소통과 고통이다. 사람은 누구나 소통하기를 바란다. 같은 공간에 있으면서도 소통하지 않으면 관심 없는 대상이라 할 수 있다.

게다가 코로나19로 사람들의 마음은 더욱 침체되어 있다. 이럴 때일수록 서로 소통하며 관심을 가져주고 고민을 털어놓을 곳이 필요하다. 가끔 아날로그가 감성이라는 말들을 한다. 메일이나 문자를 주고받다가 작은 메모장에 손 글씨를 써서 건네면 감동을 받기도 한다.

사회적 거리 두기로 인해 오프라인으로는 동호회 모임이나 독서 모임 등이 어렵지만, 많은 사람들이 소통을 위해 온라인으로 만나고 있다. 온라인은 정보공유의 편리함 면에서 탁월하다. 하지만 너무 쉽게 가입과 탈퇴가 이루어지기 때문에 신뢰도가 높다고 보기는 어려운 단점도 있다.

TV홈쇼핑이 채널을 통해 쇼호스트의 깔끔한 설명으로 소비자들에게 제품을 판매했다면, 동영상 플랫폼을 이용한 라이브커머스는 직관적이면서 스마트폰에 익숙한 사람들에게 더욱 편리한 방법이 되었다.

제품 설명을 듣고 이미지를 떠올려 주문하던 것과는 달리 라이브커머스에서는 실시간 질문과 답을 주고받으면서 소통도 할 수 있어 더 효과적이다. 기업이나 사회에서는 소통이 어떤 작용을 하는지 잘 알고 있다. Zoom 프로그램으로 회의나 강의를 하면 서로 얼굴을 보며 소통할 수 있다는 것이 장점이다.

온라인에서는 지켜야 할 매너들도 많다. 강의는 하고 싶은데 비디오 공개 여건이 되지 않는다면, 채팅으로 양해를 구하고 프로필 사진이라도 올려두는 것이 함께 듣는 사람들에 대한 배려라고 생각한다. 어떤 호스트는 그런 부분을 지적하기도 하지만 스스로 그런 부분을 체크하는 것이 좋다.

링크에 접속할 때 자신의 설정을 먼저 확인하고 음소거는 기본적으로 하는 것이 좋다. 어떤 사람들은 자신의 상태를 모르고 진행해서 강의 중간에도 주변 잡음이 유입되는 경우가 간혹 있다. 아주 간단하지만 이런 것들이 잘 지켜져야 온라인 소통이 원활해진다.

코로나19 이후 많은 오픈 채팅방이 생겨났고, 자기계발 모임이나 단체처럼 운영되는 곳도 많다. 하지만 다른 사람의 강의나 경험을 듣고 실행으로 옮겨야 하는데, 자기계발의 취지와는 다르게 자기위로의 시간만 가진 채 또 비슷한 강의를 들으러 다니는 경우가 있다. 너무 많은 온라인 커뮤니티가 만들어져 있어서, 어떤 사람은 가입한 오픈방의 메시지를 모두 확인하지 못하고 방치하는 경우도 있다.

나도 사람들과의 소통을 위하여 많은 오픈 채팅방에 가입했었다. 소통과 자기계발을 위한 방에서 시간이 지나 사람들이 늘어나면 광고 채팅방으로 변하는 것 같았다. 잦은 알람으로 스트레스를 느끼는 경우도 있었다. 현재는 모든 방을 정리한 상태라 마음이 한결 편하다.

이제는 어쩔 수 없는 온라인 커뮤니케이션 시대가 되었으니 단체 대화방이나 많은 온라인 커뮤니티는 스스로 조절해야 한다. 복잡하고 빠르게 변하는 온라인 세상이지만 지켜야 할 매너는 꼭 존재한다. 대화방을 들어오고 나갈 때도 기본적인 인사 정도는 하는 것이 좋다. 소통과 정보를 얻기 위해 들어왔다가 나갈 때는 아무 말 없이 나가는 경우가 있는데, 다음을 기약하는 한마디 정도는 어렵지 않게 남길 수 있다. 항상 강조하는 디지털 에티켓은 자신이 먼저라는 생각으로 지켰으면 한다.

라이브커머스는 소비자도 직접 참여할 수 있기 때문에 댓글로 질문이나 소통을 할 때 진행자는 단어 사용과 문장의 길이에 주의해야 한다. 진행자의 의사와는 상관없이 오해를 받는 경우도 있다.

말로 의견을 전달할 때는 표정과 몸짓을 보면서 느낌과 의도를 어느 정도 파악할 수 있다. 하지만 글은 쓰는 사람의 의도와는 전혀 다르게 보는 사람이 해석할 수 있다. 그것도 단어 한두 개로 전체 문장의 의미를 다르게 받아들인다. 그래서 댓글이나 어떤 표현을 할 때 아무리 짧은 글이라도 몇 번을 읽어보고 게시해야 한다.

글을 쓸 때 오해를 줄이기 위해서 자신의 감정을 살짝 드러낼 수 있는 이모티콘을 사용하는 것도 좋은 방법이다. 이것은 표현력이 부족할 때 상대에게 자신의 생각을 간접적으로 알리기 위함이다.

라이브커머스를 진행할 때 댓글 창에 올라오는 질문을 너무 오랫동안 쌓아두면 나중에 정리하기가 힘들다. 그래서 중간에 정리를 하면서 지나가는 것이 효과적이다. 한 가지 질문에 상세하게 답하다 보면 많은 것을 놓칠 수도 있다. 만약 질문과 답이 길어지면 방송 후 상담으로 돌리는 것이 좋다.

내 경험상 소비자는 무조건 궁금한 점이 3가지 이상 있을 수 있다. 수량, 상태, 가격 등은 어떤 상품이든 질문할 수 있기 때문에 라이브커머스 진행자는 묶음으로 답할 준비를 하면 된다. 예상 질문에 대해 미리 준비해두면, 여러 질문에 대한 답을 한꺼번에 할 수 있어서 효과적이다.

오프라인과는 다르게 온라인은 빠른 소통이 되어야 한다. 최근 라이브커머스가 사람들의 관심을 끄는 이유는 편하게 묻고 바로 답을 들을 수 있기 때문이다. 이와는 다르게 인터넷쇼핑을 하는 사람들은 소통이 크게 필요하지 않은 사람들일 것이다. 소비자가 원하는 상품에 대한 정보가 이미 충분한 경우, 충동구매의 경우 등은 질문이 크게 필요하지 않다. 단지 배송날짜가 지켜지지 않으면 유선이나 메일로 문의하는 경우는 있다.

홈쇼핑은 자동 주문전화 또는 상담원과의 통화로 상품의 안내를 받을 수 있고, 인터넷은 상세 페이지에서 소비자 스스로 판단

할 수 있다. 그래서 상담원과 소통했을 때와 하지 않았을 때 상품을 받아본 고객의 느낌은 다를 수 있다고 생각한다.

또한 인터넷쇼핑은 가격비교와 배송을 고려해서 선택하는 경우가 있다. 나는 쿠팡을 주로 이용한다. 이유는 단 하나, 오늘 주문하면 내일 받을 수 있기 때문이다. 다른 쇼핑몰도 그렇게 하겠지만, 쿠팡은 작은 텍스트 하나로 배송의 신뢰를 얻은 것이다.

처음엔 로켓배송이라는 말에 설마라고 생각하기도 했지만, 필요한 상품을 오늘 주문하면 내일 받을 수 있다는 사실에 신뢰를 가지게 된 것이다. 드디어 쿠팡이 라이브 방송을 한다. 소비자들이 제일 필요로 하는 빠른 배송을 추구하는 쿠팡이 라이브커머스 시장에 돌풍을 일으킬 것이라 생각한다.

ⓒ 유튜브 '쿠팡 Coupang' 채널,
https://www.youtube.com/c/coupang

빠른 배송에다가 소비자와 소통할 수 있는 시스템으로 접근한다면 쿠팡이야말로 엄청난 파워를 과시할 것이다. 아무리 영상과 댓글로 설명을 잘했다 하더라도 소비자들은 실물을 받을 때까지 변심할 수 있다. 하지만 로켓배송처럼 어제 본 상품을 오늘 받으면 단순 변심의 시간적 여유가 없다. 만약 며칠 뒤에 받는다면 그동안 해소되지 않은 갈등도 있을 것이고 다른 제품을 보면서 생각이 바뀔 수도 있다.

우리가 소통을 한다는 것은 서로를 알아간다는 것인데, 소비자와 판매자가 서로 알아가는 것은 나중의 문제다. 라이브커머스 진행에서의 소통이란 소비자와 제품을 연결시키는 것이다.

만약 사과를 판매한다면 소비자는 제일 먼저 한 알의 크기와 맛을 궁금해 할 것이다. 그 궁금증이 해소되어야 가격이 궁금해지는 것이다. 하지만 사람마다 입맛이 다르기 때문에 소비자의 입장이 되어서 설명해야 한다. 최대한 심플하면서 가장 궁금한 부분을 질문받기 전에 먼저 해소하는 것이다.

예를 들어 사과의 맛은 단맛과 새콤한 맛으로 말한다. 그리고 사과의 겉모습과 크기를 비교해준다. 여기까지 하면 소비자는 자신이 궁금한 것을 해소해주고 있다고 느낄 것이다. 좀 더 설명한다면 사과를 잘라서 보여주고 단면이나 과즙의 상태 등을 말할 수 있을 것이다.

나는 얼마 전 사과를 판매하였을 때, 자르면 틀림없이 꿀이 있을 거라며 사과를 잘랐는데 꿀이 없었다. 카메라로 소비자가 확인할 수는 없었지만, 잘라보니 없다고 말을 하고 바로 시식하였다. 그 다음 식감에 대해서 말하고, 사실 사과 안에 꿀처럼 보이는 것은 일교차로 생기는 것인데 이곳은 그런 일교차보다 해풍이 풍부해서 단맛과 신맛이 같이 느껴지는 것이라고 설명했다.

만약 자른 면을 소비자가 카메라로 볼 수 없다고 '꿀이 들었네요'라고 말한다면 이는 한 번만 판매를 하겠다는 것과 같은 행동이다. 실제로 사과를 좋아하는 나는 먹어본 느낌을 그대로 전하고, 과수원의 농사법도 잘 알고 있어서 사과 농사가 쉽지 않다는 것을 이야기한다. 그러면 소비자들이 사과를 구입하면서 과수원을 한 번 정도는 더 생각해볼 수도 있다. 실제 과수원에서 라이브 진행이 되면 더 좋을 것이다.

어느 특정지역에서만 생산되던 상품이 이제는 기후변화로 인해 그렇지 않게 된 경우가 많다. 제주 한라봉이 내륙지방에서도 생산되고, 예전에는 대구하면 사과였는데 이제 대구에는 사과가 생산되지 않은지 오래되었다. 큰 일교차로 청송 사과가 유명했지만, 이제는 전국에 생산지가 고루 분포되어 있다.

라이브커머스에서 지역을 대표할 수 있는 상품이면 좋겠지만, 그렇지 않을 때는 그 상품의 생산이나 재배환경을 말하는 것이 더 효과적이다. 어차피 시식을 하고 맛있다고 말해도 소비자들은 직접 먹어보기 전에는 크게 믿지 않을 것이기 때문이다.

라이브커머스에서는 소비자들의 궁금증을 해결해주는 것이 중요하다. 소비자는 당연히 궁금한 것이 많을 것이고, 무엇이든 물어보게 해야 한다. 라이브커머스에서 판매와 연결되는 것은 소비자의 질문에 답변하며 소통을 잘하는 데 있다.

진행자 혼자서 빠른 대응이 되지 않는다면 별도로 댓글을 달아주는 사람이 필요하다. 일반적인 질문의 답은 말로 할 수 있지만, 결제 관련 질문이나 공지를 바꾸어야 할 때와 같이 특별한 상황일 때는 혼자 진행하기 어려울 수 있다. 가끔 댓글 창에 이유 없이 분탕질하는 사람도 있다. 유튜브는 관리자를 지정할 수 있어서, 진행자가 진행하면서 놓치는 부분을 관리자들이 대처할 수도 있다.

판매자가 상품의 느낌을 소비자들에게 잘 전달하기 위해서는 먼저 사용해보는 것을 권장한다. 만약 농산물을 판매한다면 재배하는 현장에서 방법을 이야기하는 것도 소비자들에게 다가가기 위한 좋은 방법이다.

간혹 궁금한 점이 있어도 질문하지 않고 누가 대신해주기를 기다리는 소비자들도 있다. 이때는 진행자가 역으로 질문을 몇 번 해주는 것도 망설이는 소비자에 대한 배려가 될 수 있다. 소비자의 입장이 되어보면 얼마나 구입해야 하는지, 상품의 크기는 어떤지 등의 의문점을 쉽게 떠올릴 수 있을 것이다.

소비자와의 소통이 원활하게 이루어지면, 늦게 접속해서 앞에 했던 질문을 하는 소비자에게 그전부터 있었던 다른 소비자가 댓글로 알려주는 경우도 있다. 이처럼 방송 시간에는 단순히 유통의 관계에서 벗어나 잠시 커뮤니티가 형성되기도 한다. 이런 양상이 반복되면 온라인에서 단골 고객이 생기고 판매자와 진행자의 신뢰도가 올라간다. 온라인이지만 전통시장의 마인드로 진행된다면 인간미를 느낄 수 있으리라고 기대한다.

디지털 문화, 이제 선택이 아닌 필수

디지털이라는 단어를 오래 전부터 사용하였는데 입문은 왜 하지 않고 있었는지 살짝 후회된다. 성격상 과거에 미련을 두는 스타일이 아니라서 지금부터라도 더 열심히 해야겠다는 마음뿐이다.

나는 아직도 자판을 독수리 타법으로 두드린다. 하지만 지금은 키보드를 어떻게 터치하느냐가 아니라 프로그램과 앱 활용을 얼마나 잘할 수 있느냐에 관심을 가져야 한다. 어떤 것을 실행하기 위해서 프로그램이 있어야 하고 꾸미기와 수정 같은 과정이 필요한데, 공부하지 않으면 그런 것들이 불편해진다.

처음 자판을 배울 때 2벌식 타자기로 머리 맞아가면서 군대에서 배웠다. 그때는 디지털이라고 하면 전자제품의 자동화 시스템 정도를 말했다. 컴퓨터가 보급되어 운영할 줄 아는 사람과 그렇지 못한 사람으로 나뉘고, 나는 못하는 사람 쪽에 포함되었다.

시간이 흘러 컴퓨터 성능이 좋아지면서 다양한 프로그램들이 사용되었다. 사진을 대충 찍어도 합성하거나 회의 자료를 한눈에 볼 수 있게 꾸미는 것이 그 당시에는 전문가만이 할 수 있는 영역이라고 생각했었다.

지금도 그렇지만 무언가를 시작할 때 할 수 없는 것이 아니라 하지 않는 것인데, 사람들은 할 수 없다는 말을 자주 사용한다. 요즘 대부분의 사람들이 파워포인트부터 엑셀에 이르기까지 전문가 수준으로 다룰 줄 안다. 예전에는 컴퓨터 학원에서 워드를 배우는 사람들이 있었는데 요즘은 고급 프로그램을 배우기 위해 컴퓨터 학원을 찾는다.

나는 스스로 컴퓨터로 자료를 만들고 사진을 편집할 것이라고는 상상도 하지 못했었다. 하지만 지금은 잘하지는 못하더라도 필요한 것은 혼자 해결할 수 있다. 컴퓨터도 고성능 노트북이 늘어나면서 데스크톱보다 더 많이 사용되고 있다. 컴퓨터를 좀 다루려고 하니까 좋은 앱들이 나와서 저절로 꾸미기와 멋진 템플릿을 제공해준다.

이제는 컴퓨터의 중요한 기능을 스마트폰으로 대부분 활용한다. 스마트폰은 앱을 설치하면 컴퓨터 프로그램보다 더 쉽게 사용할 수 있다. 은행 업무를 보기 위해 창구에 들렀더니, 은행직원이 스마트뱅킹을 알려주고 직접 깔아주면서 사용해보라고 권했다. 지금까지 컴퓨터 앞에 앉아 공인인증서를 관리하며 업무를 보았는데, 언제 어디서나 손안에서 해결되는 것이 너무 편리했다.

나는 유튜브 촬영과 편집을 스마트폰으로 한다. 평범하게 촬영하고 앱으로 빠르게 편집해서 업로드한다. 디지털카메라의 편리함은 많은 사람들에게 사랑을 받았다. 하지만 스마트폰이 나오면서 디지털카메라 시장은 축소되었다. 전화기와 사진기의 두 가지 기능을 겸하면서 성능은 카메라보다 더 좋은 스마트폰이 출시되고 있다. 기존의 디지털카메라 시장은 전문가용을 겨냥한 마케팅으로 전향하고 있다.

스마트폰의 성능이 좋아지면서 스마트폰으로 거의 모든 게 가능해지고 있다. SNS 활용을 잘하는 사람들은 그것을 마케팅에 활용하고, 확산된 데이터를 한곳에 모아서 본인이 하려는 아이템이나 일과 접목시키기도 한다. 스마트폰을 스마트하게 사용하지 못하던 내가 코로나19를 계기로 여러 강의를 듣고 기능을 습득하면서 많은 기능을 스스로 할 수 있게 되었으니 다행한 일이다.

문화라고 하는 것은 어느 정도 시간이 지나고 사람들이 많이 활용하면서 공유할 수 있어야 한다. 디지털이야말로 그 어떤 문화보다 짧은 시간에 다양하고 폭넓게 전파되는 장점이 있다. 하지만 가짜뉴스 같은 것도 빠르게 확산될 수 있다는 단점 또한 있다. 요즘은 사람들이 인터넷뉴스를 그대로 믿는 것이 아니라 어느 정도 검증을 한 후 받아들인다.

4차산업혁명 시대라고 한다. 너무나 급변하는 시대라 과연 무엇을 하고 어떤 것을 포기해야 되는지 생각할 여유도 없는 게 사실이다. 중장년층은 새로운 프로그램을 습득하려면 많은 시간을 투자해야 한다. 하지만 컴퓨터 프로그램과 비슷한 기능을 스마트폰 앱으로 습득하는 데에는 큰 어려움이 없다.

앱은 컴퓨터 프로그램과 달리 쉽게 다운로드할 수 있다. 필요 없으면 삭제하기도 쉽기 때문에 편리하다. 네이버TV, 카카오TV, 그립(Grip) 같은 플랫폼도 앱만 있으면 언제든지 열어볼 수 있다. 컴퓨터 다루기를 부담스러워 하시는 분들도 스마트폰은 어려움 없이 해볼 수 있다.

코로나19 시기에 온라인 축제를 한 달간 진행해보니, 연세가 지긋하신 분들도 자신의 읍면이 출연하는 장면을 스마트폰의 유튜브 앱으로 보시면서 응원 댓글도 달아주시곤 했다. 특산물 라이브커머스를 하면서도 처음에는 카메라를 어색해하셨지만, 시간이 지나면서 빨리 적응하셨다. 모든 것이 디지털의 발전과 스마트폰의 효과라고 생각한다.

실시간 방송도 무작정 하는 것이 아니라 인터넷이 연결될 수 있는 환경에서 준비를 해주셔서 아무런 문제없이 진행할 수 있었고, 이런 상황을 그분들도 알고 계신 것이 디지털의 성장이라고 할 수 있다.

현재 농가 소득은 농산물과 함께 가공식품이 많은 비중을 차지하고 있다.

엄마누룽지를 생산하시는 대표님의 가족들을 살펴보니 남편은 농사를 지어 수확을 하고, 귀농한 아들은 정미소를 하고, 누룽지를 생산하는 공장은 대표님이 운영하셨다. 나는 '국민들의 건강한 먹거리를 위해서 누룽지를 생산하느냐'라고 물어보았다. 하지만 대답은 솔직했다. 쌀값이 너무 떨어져서 누룽지 생산을 시작했고, 시간이 지나면서 더 나은 제품을 개발하게 되었다고 하였다. 이때는 상품을 소개하기보다 농촌의 일상을 대화하면서 방송을 촬영했다.

다음날 찾아간 곳도 쌀을 대신할 수 있는, 쌀로 가공한 식품을 생산하는 곳이었다. 자동화 시스템이 아니라서 대표님들이 직접 제품을 만들고 있었다. 공장에서 기계가 자동으로 찍어내는 상품이면 덜 힘들 텐데, 처음 시작할 때 그냥 해보자는 마음으로 시작하였다고 했다. 판매도 지인들이나 한 번 구매했던 사람들이 재구매를 해가는 정도였다. 누룽지 대표님은 대형마트에서 납품 제안이 들어왔지만 대량으로 상품을 생산할 수가 없어 고민이라고 하셨다.

농수산물 생산자분들은 대부분 이런 어려움을 가지고 있다. 하지만 우리 소비자 입장에서는 저렴한 농산물을 구입하기가 결코 쉽지 않다. 나는 매스컴에서 농민들이 배추를 갈아엎는 모습이나 자연재해를 겪고도 겨우 수확해낸 농수산물을 제값 못

받고 걱정하는 모습을 보면 마음이 편하지 않다. 소비자는 비싸게 구입하고 생산자는 헐값에 팔아야 하는 현실은 분명 잘못되었다.

최근 라이브커머스를 진행하다보니 생산자들이 어떤 플랫폼을 통해서 직접 판매하면 좋겠다는 생각이 들었다. 스마트폰을 사용하는 정도면 누구나 충분히 할 수 있는 것인데, 디지털이 필수가 되기 위해서는 빠른 교육이 필요하다.

현지에서 생산자가 직접 판매하는 생산품을 소비자는 스마트폰으로 보면서 소통하며 저렴한 가격에 더 좋은 농수산물을 구입할 수 있는 편리한 시대가 되었다. 이 모든 것이 디지털의 발전으로 가능한 일이고 컴퓨터보다는 스마트폰이 큰 역할을 했다고 할 수 있겠다.

스마트폰 하나면 무엇이든 못할 것이 없는 세상이다. 라이브커머스의 세계에 뛰어들기 위해서는 스마트폰과 과감한 마음가짐이면 충분하다. 성능이 좋은 스마트폰을 사용하기를 권장한다. 영상을 시청하면 스마트폰의 성능에 따라 속도가 다르고 화질도 다르게 보인다. 차는 바꾸지 않더라도 스마트폰은 바꿔야 하는 시대다.

디지털은 이미 필수다. 현재 청소년들을 보면 앞으로 어떻게 변해 갈지 조금 보인다. 남의 눈을 의식하지 않고 자신의 강점을 표현할 줄 아는 사람들이 많아질 것이다. 그러한 강점들을 SNS에 업로드하고 공유하면서 팔로워와 구독자를 늘려 인플루언서에 도전하는 청소년들도 많다.

지금 청소년들이 어른이 되어 있을 때는 디지털이 더 많이 발전되어 있을 것이다. 이에 발맞추어 더 빠르게 달려가야 하기 때문에 지금부터 적응하는 것이 아주 좋은 학습법이다. 디지털을 선택할 시간은 벌써 지나갔다. 이제는 필수적으로 익혀야 한다.

27년차 라이브 진행자

오프라인은 생방송이다. 여기에는 예측 불가 변수들이 발생할 수 있고 그것을 경험하는 것 자체가 즐겁고 재미있다. 나는 우연히 20대 초반에 운명처럼 마이크를 잡고 지금까지 마이크 하나로 전국을 다니며 현장에서 라이브 MC를 하고 있다. 처음 시작할 때 아무것도 모르고 가르쳐주는 사람 하나 없이 스스로 선배들을 따라다녔다. 어깨너머로 배운 지식들이 내 실력이 되고 지금까지 할 수 있는 원동력이 되었다.

한 분야에서 10년 정도 있으면 그 분야에서 어느 정도 인정을 해준다. 20년이 되면 도사라고 한다. 30년이 되면 그 분야 장인이 되는 것이다. 내 주위에는 MC 장인들이 많다.

지금도 학창 시절 친구들은 어떻게 내가 MC를 하는지 믿을 수 없다고 한다. 나도 이해가 되지 않아서 이유에 대해서는 생각하지 않는다. 나는 운동을 좋아해서 늘 체육관에 가서 샌드백을 때리고 낙법을 치면서 까부는 그런 아이였다. 호기심이 많아서 누군가 내다 버린 전자제품은 분해해보아야 했으며, 어린 시절 시골에서 자라 농촌을 좋아하고 낯가림은 심하지만 친구가 많은 그런 사람이었다. 세월이 지나 다시 생각해 보면 결국 나의 호기심을 해소하는 직업이 'MC가 아닌가'라는 생각을 해본다.

사람들은 무엇인가를 시작할 때 망설이는 경우가 많은데, 나는 시작하고 나서 스스로에게 계속 자극을 준다. 실패는 실패가 아니라 경험이란 말이 있다. 이 말처럼 실패하는 것을 두려워하지 않는다.

처음 짧은 기간 교육을 받고 망설임 없이 마이크를 잡고 첫 무대에 올랐다. 아무도 섭외하지 않았지만 스스로 팔면 된다는 마음으로 자신을 팔아보았다. 배우기만 하고 실전에서 하지 않으면 배우지 않은 사람과 별 차이가 없다. 그래서 나는 실습을 중요하게 생각하고, 강연자 과정을 코치했을 때에도 하루 몇 번씩 짧은 자기소개를 녹음하라고 과제를 내준다.

잘되지 않는다는 것을 알고 있다. 다 경험해봤기 때문이다. 그래서 오프라인 수업 때는 오히려 그것부터 또 먼저 시킨다. 안 되는 것을 자꾸 시키면 인간은 멘탈이 흔들리기 시작한다. 과정 중 제일 좋은 것은 멘탈이 무너지고 다시 일어나는 것이다. 나는 첫 책을 썼을 때 세 번씩이나 멘탈 붕괴를 겪었다. 지금도 잘 쓰지는 못하지만 그때보다는 훨씬 수월하다.

글을 쓰다가 막히면 멈출 줄도 알아야 하고 때로는 집중할 줄도 알아야 한다. 예전에는 무조건 버티기만 했으니 번아웃이 올 수밖에 없었다.

의식 관련 책에는 '모든 것은 내 안에 있다'라는 말이 자주 나온다. 싫어하는 것과 좋아하는 것, 불안과 증오, 기쁨과 행복 모든 것이 자기 안에 있는데 그것을 느끼지 못하고 큰 것만을 찾으니까 헤매는 것이다. 나는 시작하는 것을 두려워하지 않는다.

처음 시작할 때부터 아무것도 모르는 상태에서 부딪히면서 해왔고 스스로 수정하고 보완하며 성장해왔기 때문에 어떠한 상황에서도 이겨낼 수 있는 자기 암시를 잘하는 편이다. 사투리를 사용하는 사람이 방송을 하고 지방에서 서울로 섭외를 받는다. 이러한 것들이 남들의 눈치를 보지 않고 단순하게 내가 할 일만 생각했기 때문이다. 눈으로 보이는 것이 전부가 아니라는 말이 있다. 그것은 바로 경험이다.

나는 책을 쓰는 과정에서 세 번이나 멘탈이 무너졌지만 두 달 만에 내 이름으로 된 책을 썼다. 어떤 사람들은 돈을 많이 주면 대필해주는 것 아니냐고 하는데 마침표 하나까지도 스스로 했다. 그렇게 힘든 과정을 겪고 책을 쓴 경험으로 그다음 전자책을 쓰는 데는 3일 정도 걸렸던 것 같다. 지금 세 번째 책은 20일 만에 쓰겠다는 각오로 시작했지만 두 달이 되어가고 있다.

배움에는 돈을 아끼지 말라는 말이 있다. 꼭 필요한 것은 없는 돈도 만들어서 배우라고 권하고 싶다. 요즘 온라인으로 강의를 들으면서 자기계발을 하는 사람들이 많다. 결과는 어떨까?

여러 오픈 채팅방에서 무료강의를 들으며 듣는 순간 자기만족과 위로의 마음을 느끼고는 아무런 피드백도 없이 다음날 무료강의를 찾아다닌다. 좋은 강의도 많지만 배움을 가져야 성장을 하는데, 그 아까운 시간을 그냥 자기만족에 사용하고 있으니 아쉬울 뿐이다.

내 생각에는 모든 오픈 채팅방을 합쳐서 많으면 3,000명 정도가 이동하면서 자기계발을 하는 것 같다. 모두 칭찬하고 응원하고 싶다. 배운 것을 실천하면서 자기만의 스타일이 나온다면 그것으로 다른 사람들에게 다시 배움을 줄 수도 있는데, 들은 것에 만족하고 실행하지 않으면 자기계발이 아니라 강사님의 스토리텔링을 들은 것이 전부다.

오픈 채팅방과 강의를 비난하는 것이 아니다. 성장 욕구로 가득한 자신이 무엇으로 성장을 할지 진지하게 생각해봐야 한다는 말을 전하고 싶다. 그리고 깨달으면 시간을 거기에 투자해야 한다.

나는 정확히 28년차인데 코로나19로 10개월을 쉬었으니 27년차라고 할 수 있다. 그동안 수많은 사람들을 만나면서 인터뷰를 하고 어떤 어려움이라도 해결해 왔다. 준비된 상태에서는 누구나 잘 할 수 있다. 준비된 상태에서 잘하지 못하는 것은 문제가 있거나 능력이 부족한 것이다.

하지만 라이브는 다르다. 완벽하게 준비하더라도 언제 어떤 일이 일어날지 모르고, 어려운 여건에서도 해내야 한다. 경험이 없으면 누군가의 경험을 배워야 한다. 또한 어려움이 있어도 참고 견딜 줄 알아야 한다. 어떤 직업은 쉽게 배울 수 있고 또 어떤 직업은 엄두가 나지 않는 것이 있다. 하지만 할 수 없는 것은 아무것도 없다.

라이브커머스를 진행하기 위해 생산자를 만나보면 모두가 방송에 대한 부담을 느끼고 있다. 그것은 누구나 느끼는 감정이기 때문에 정상이다. 시간이 지나면서 편안한 마음을 가질 수 있도록 반복적인 연습과 습관을 들이는 것이 최선의 방법이다. 제품에 따라 많이 꾸미기도 해야 하고, 때로는 있는 모습 그대로가 더 나은 경우도 있다. 라이브커머스를 어떤 특정한 품목에 초점을 맞추는 것은 옳지 않다. 그때그때 상황을 보고 사전에 준비한다거나 때로는 현장에서 준비해야 하는 경우도 있다.

현재 라이브커머스 플랫폼들이 발 빠르게 움직이고 있다. 어떤 플랫폼을 접속하더라도 형태는 비슷하다. MC나 판매자가 함께하는 경우도 있고 판매자만 진행을 하는 경우 또는 유명인들

이 판매를 하는 경우도 있다.

책을 쓰면서 많은 사람들과 대화 중 느낀 점은 '본인들이 그런 것을 어떻게 하느냐'라고 생각하는 이들이 많다는 사실이다. '실시간 방송을 해도 구독자가 없다'라고 하는 사람들도 있었다. 아무도 관심 없고 봐 줄 사람도 없다. 그래서 라이브를 하는 것이다. '엿장수 마음대로'라는 말이 있지 않은가. 엿장수는 누구 탓을 하지 않는다. 상황에 맞추어 기분에 따라 더 줄 수도 있고 덜 줄 수도 있고 마음대로 결정한다.

라이브커머스에 나오는 상품은 모두 가격이 정해져 있다. 그런데 방송시간에만 특가판매를 한다. 어떤 때는 특가라고 했는데 인터넷 최저가보다 비싼 경우도 있었다. 이런 건 생산자의 욕심이고 불찰이라 생각한다. 한편 라이브커머스를 단지 싸게 팔기 위해서만 활용한다는 것도 잘못된 생각이다. 브랜드 이미지와 장기적인 전략을 고려하여 라이브커머스를 진행해야 한다.

라이브커머스 진행자는 혼자서도 이끌어 갈 수 있는 능력을 갖추어야 한다. 시간이 지나면 전체를 보는 시야가 넓어지면서 진행에 여유가 생긴다. 잘하고 싶은 마음에 '많이 배워서 급성장해야지'라는 조급한 마음은 갖지 않는 것이 좋다. 처음에는 어색하더라도 시간이 흘러 자기만의 스타일로 라이브커머스를 진행하는 것이 가장 좋다.

진행자는 생산자에게 상품의 정보를 말할 수 있도록 분위기를 만들어내는 것이 중요하다. 아무리 말을 잘하는 진행자라도 직접 농사짓고 생산한 사람의 정성을 표현하기는 쉽지 않다. 우리는 그분들의 진솔한 이야기를 듣고, 그 느낌을 소비자에게 전달하면서 소비자가 상품에 대해 신뢰를 갖도록 하는 역할만 할 뿐이다. 만약 생산자의 설명이 부족하거나 어려워할 때 진행자의 능력을 발휘해서 도움을 주는 것이다.

라이브 MC들의 현장 대처 능력은 누구보다 뛰어나다고 할 수 있지만, 라이브커머스는 판매를 하는 목적도 있기 때문에 쇼호스트의 스킬도 습득하여야 한다. 하지만 TV홈쇼핑처럼 상품에 너무 몰입하면 실시간에 들어와 있는 소비자들은 거리감을 느낄 수 있다.

방송 진행과 현장 진행은 무대 사용 스타일부터 다르다. 방송은 카메라 위주의 포지션을 잡아가지만, 라이브는 관객 위주로 진행한다. 그래서 무대 끝선까지 나와서 진행하는 경우도 많다. 하지만 방송은 표시된 지점에서 동선을 잡는다.

홈쇼핑과 라이브커머스의 차이도 이것과 비슷하다. 홈쇼핑이 상품을 명확하게 설명하기 위해서 카메라를 주시한다면, 라이브커머스는 소통을 위해서 댓글 창과 주위 사람들을 주시해야 한다. 만약 카메라에 진행자의 머리가 숙여져서 나올지라도 소비자와의 소통이 우선되어야 한다.

과수원이나 바닷가에서 또는 생산 공장과 전시장에서 직접 상품이 생산되는 환경을 소비자들에게 보여줄 수 있다는 것이 라이브커머스 진행의 매력이다. 진행자가 많이 설명하지 않아도 소비자들은 주변 환경을 보면서 자연스럽게 신뢰를 가질 것이기 때문이다.

코로나19로 사회적 거리 두기가 장기화되면서 온라인으로 경제활동이 활발해지고 있다. 지금은 라이브커머스 진행을 해야 하는 시대다. 처음은 어색해도 그 벽만 넘으면 소비자와 생산자의 두터운 신뢰가 쌓여 또 다른 문화가 형성될 것이다.

Live 온라인의 편리함을 느껴라

인간은 적응하는 존재이기 때문에 편리함을 느끼고 나면 조금이라도 불편한 것을 받아들이기 싫어한다. 예전 비포장길 먼지를 날리며 안내양이 버스 문을 열어주던 시절에 청춘을 보내신 분들은 지금의 디지털 시대를 어려워하기도 한다.

오늘 주문한 상품이 내일 아침이면 도착하는 시대에 살고 있다. 하지만 여전히 어떻게 주문하는지 모르는 사람도 있다. 그런 사람들은 오프라인이 더 편하고 그곳의 상품이 제일 좋은 줄 알 것이다.

전통시장을 가면 사람들의 삶을 볼 수 있고 그런 분위기를 좋아하는 분들이 있다. 상품의 질과 가격이 좋다는 사람들도 있지만, 대량으로 구매해서 판매하는 대형마트에 비하면 가격 경쟁력이 조금 떨어진다. 무겁게 들고 가지 않더라도 배달까지 해주다보니, 대형마트의 서비스를 경험한 사람들은 대형마트를 전통시장보다 선호하게 되는 것이다.

언젠가 전통시장 행복동행이라는 프로그램을 진행하면서, 이제는 전통시장도 온라인으로 소비자에게 다가가야 한다는 것을 느꼈다. 그렇지 않으면 대형마트의 서비스와 편리함에 익숙한 소비자들의 마음을 돌리기 힘들 것이다.

더구나 요즘처럼 코로나19로 사회적 거리 두기가 계속되면 직접 방문하는 마트와 재래시장은 모두 타격을 입는다. 온라인 커머스는 모든 것을 해결할 수 있는 명안이다. 때와 장소의 제약이 크지 않고 랜선만 있으면 더 안정적인 방송을 할 수 있으니 환경을 탓할 이유도 없다.

전통시장에서 유튜브 실시간을 진행하면, 시장에 설치된 모니터에서 그 방송을 실시간으로 송출할 수 있는 시대다. 이제 시스템 측면에서는 어디를 가나 잘 갖춰져 있다. 사용하는 사람들의 기술적인 문제를 해결해주어야 한다.

나는 농어촌의 1차 생산지에서 라이브커머스를 진행하는 것을 적극 추천한다. 생산자들의 고충을 알 수 있고, 흔히 말하는 산지 직송이 이루어질 수 있다.

전국에서 개최되던 지역 특산물 축제는 그 시기가 되면 소비자들에게 지역 특산물을 생각나게끔 한다. 축제기간 현지에 가서 직접 체험하는 것이 추억이었지만, 이제는 축제도 온라인으로 진행되고 있다. 대신 더 많은 사람들이 각자의 손안에서 축제를 볼 수 있고 참여할 수 있다는 장점도 있다.

라이브커머스로 판매를 한다는 것은 스마트폰의 기능을 제대로 활용하는 것이라 할 수 있다. 스튜디오를 만들어 생산품을 한곳에서 판매할 수도 있고, 농장에 직접 설치해서 방송할 수도 있다. 농수산물이 아닌 공산품의 경우는 판매 환경이 더 좋을 것이다. 온라인커머스는 세계에서 인터넷 환경이 가장 좋은 우리나라에서는 최적의 방식이다.

평생 농사일을 하시던 분들과 라이브커머스 진행을 하려면 시작 전에 설명을 많이 드린다. 나는 이분들께서 스스로 방송할 수 있기를 바라는 마음에 스마트폰 사용법을 말하기보다는 다른 생산자가 진행한 방송을 보여주며 설명한다. 평소 스마트폰으로 사진이나 영상을 촬영해보신 분들은 더 빨리 적응하신다.

나는 아날로그에서 디지털로 거쳐 온 세대이기 때문에 '온라인' 하면 갇혀 있는 공간이라고 생각했었다. 그때는 사용법을 잘 몰라서 불편하기도 했고, 아날로그가 더 많았을 때라 크게 관심 가질 필요성을 못 느꼈다.

하지만 지금은 나이와 상관없이 모든 사람들이 스마트폰을 사용한다. 밖에서 집안의 환경을 관리할 수도 있고, 지구 반대편에 있는 사람과도 바로 옆에 있는 사람처럼 대화할 수 있다. 온라인의 발전이 급속도로 이루어지고 그만큼 인간은 더 편해지고 있는 것이다. 그에 따라 산업의 흐름도 자연스럽게 바뀌고 있다.

스마트폰으로 영상을 보더라도 스마트폰의 성능에 따라 자신이 보는 영상의 속도 차이가 있다. 온라인 게임을 하는 사람들은 천만 원을 넘는 컴퓨터를 구입하기도 하고, 스마트폰을 매년 바꾸는 사람도 있다. 온라인의 편리함과 최신의 기능을 누린다고 할 수 있다.

하지만 빠르고 편리한 것만을 찾다보면 우리가 놓치는 것들이 생긴다는 사실을 염두에 두어야 한다. 자기 주변의 소중한 것들을 그냥 지나치지 않을 정도의 여유는 가지면서 온라인의 편리함을 누려야 할 것이다.

코로나19 이후 대부분의 생활패턴이 온라인으로 진행되었다. 가장 큰 영향을 받은 부분은 아이들의 교육이 온라인 수업으로 대체되었다는 것이다. 이것을 준비하기 위해서 교육계에서는 많은 고민과 갈등을 겪었을 것이고, 온라인에 적응되어 있지 않던 선생님들도 혼란이 왔을 것이다.

문제는 아이들의 학습태도와 생활습관이 온라인 수업으로 바뀔 수 있다는 것이다. 컴퓨터나 모바일에 평소보다 더 많이 노출되면서, 더 이상 휴대폰 중독이나 게임 중독 같은 말은 불필요해졌다. 이처럼 디지털에 너무 갑작스럽게 과다 노출되는 문제로 인한 부작용은 분명 경계해야 하며, 관련 교육도 함께 진행되어야 한다.

우리는 코로나19 이전부터 온라인의 편리함을 누리면서 살고 있었다. 고속도로 하이패스와 주차장 차단기 같은 AI 기술들이 우리 가까이에 있는 온라인이라고 할 수 있다. 다가가면 저절로 열리고 지나가면 닫히는 편리함이 있지만, 그만큼 인간의 일자리는 줄어들었다.

그러는 동안 코로나19의 갑작스러운 확산으로 우리나라뿐만 아니라 전 세계가 온라인에 의존할 수밖에 없는 상황이 되었다. 예전처럼 컴퓨터를 사용하는 사람과 사용하지 않는 사람의 구분 없이 누구나 기능을 습득해야 하는 시대가 되었다.

코로나19 이후 잠시 멈춘듯하던 생활이며 활동들이 온라인을 타고 더 빠르게 변화하고 있다. 최신 스마트폰을 들고 다니는 사람들을 보면 왠지 한발 앞서 나가는 사람처럼 보인다. 코로나19

이전에는 '스마트폰 기능은 전화만 되면 충분하다'라는 생각이었는데 나도 이제는 생각이 많이 바뀌었다. 유용한 앱을 다운로드해서 사용하고 다양한 영상을 편집하기 위해서 기능과 용량을 생각하지 않을 수 없다.

우리들의 생활 한가운데로 들어온 온라인의 발전이 부작용보다는 편의를 더 많이 주면 좋겠다.

2장

라이브커머스가 답이다

자신감은 위대한 과업의 첫째 요건이다.

– 새뮤얼 존슨

라이브커머스의 이해

지금부터는 라이브커머스가 언제부터 어떻게 진행되었는지 알아보겠다.

온라인과 e-커머스의 발달로 새로운 비즈니스 모델인 라이브커머스가 탄생했다. 책을 쓰면서도 대단하다고 느끼는 것은 2020년에 우리나라에서 붐을 일으킨 라이브커머스가 이미 2016년경부터 중국에서는 진행되고 있었다는 사실이다. 중국의 타오바오가 라이브 플랫폼의 운영에 성공하면서 라이브커머스는 글로벌로 움직이게 되었다.

중국은 인터넷 라이브 시청자가 무려 6억 명에 가깝고 그중 4억 명 이상이 라이브커머스 플랫폼을 이용한다고 한다. 그것도 글로벌 채널이 아닌 중국만의 플랫폼에서 진행되고 있다. 타오바오, 징동, 샤홍수 등 중국 내에서 이용할 수 있는 플랫폼들과 엄청난 숫자의 소비자, 소비자가 원하는 대부분의 상품을 공급하는 판매자들이 있다. 아날로그시대처럼 대면으로 판매하는 것은 한계가 있지만, 온라인으로 판매하면 규모가 달라진다.

중국 내에서 이루어지는 상거래는 중국인들이 그 흐름을 잘 안다. 우리나라 기업들은 인구가 많은 중국에 진출하면 수학적으로 판매되는 양을 계산해서 성공의 그림을 그리곤 한다. 현실은 그렇지 않다. 민족성과 지리적 영향이 큰 중국에서 살아남기가 쉽지 않다.

내가 아는 농기계 생산업체에서 중국에 진출하고 가장 어려워하는 부분이 A/S였다. A/S가 뛰어난 우리나라는 고객들이 원하면 바로 해결해주는 기업 마인드를 가지고 있다. 하지만 중국은 너무 넓어서 농사를 짓는 내륙에 기계를 한 대 판매하고 A/S가 발생되어 고생한 적이 있다고 했다. 판매 후 관리가 되지 않으면 기업 이미지에 영향이 있으니 고민하지 않을 수 없다. 중국은 영토가 너무 넓어서 단기간에 해결할 수 없는 부분이 있다고 하였다.

중국의 라이브커머스는 아마도 전체 인구를 대상으로 진행될 수는 없을 것이다. 결국 마니아층을 공략해야 한다. 그래서 e-커

ⓒ 타오바오, https://world.taobao.com

머스에서 진화하여 왕홍들의 소셜네트워크를 활용한 것이다. 왕홍들은 자신의 채널에서 구독자들과 소통하며 자연스럽게 판매로 연결시킨다.

라이브커머스가 유행하면서 왕홍이라는 단어를 많이 들어보았을 것이다. 우리는 인플루언서, 셀럽, 핵인싸 등으로 부르는 인물들이다. 쉽게 말해 유명인이나 유튜버 중 팔로워가 많은 사람들이나 인기 있는 인물들을 이야기한다.

특히 중국에서는 왕홍들의 활약이 어마어마하다. 우리나라에서는 10만, 20만 인플루언서만 되어도 구독자가 많다고 하지만, 중국의 왕홍은 몇백만의 팔로워를 대동하기 때문에 왕홍이 움직이면 작은 기업의 제품 하나를 완판 하는 것도 어렵지 않다. 그래서 왕홍경제라는 용어까지 생겼다.

왕홍들이 라이브 스트리밍으로 개인방송을 진행하고 거기에 e-커머스를 결합한 방식이 라이브커머스다. 팬들의 입장에서는 자신이 좋아하는 인플루언서와 실시간으로 대화하면서 그 사람이 추천하는 상품을 구입하는 것이 1석2조의 효과를 누리는 셈이라고 할 수 있다.

왕홍들은 자신을 따르는 팔로워들에게 자신이 검증한 제품을 소개하고 서로 소통하면서 판매한다. 그래서 노출되지 않은 제품은 왕홍들이 취급하지 않는다고 한다. 실제로 왕홍에게는 기업보다 팔로워가 우선이기 때문이다. 팔로워들은 왕홍의 센스와 스타일, 가치관 등을 보면서 믿고 구매하는 경우가 많다. 5분 만에 15,000개의 립스틱을 판매해 '립스틱 오빠'라고 불리는 리자치처럼 팔로워가 많은 왕홍들은 '왕홍경제'의 상징적 존재다.

왕홍은 상호 작용을 하고 매력과 전문성까지 겸비한다면 더 많은 효과를 누릴 수 있다. 기업에서 광고를 할 때 많은 비용을 지불하고 유명인을 모델로 내세우는 것과는 다른 측면이 있다. 하지만 최근 중국 현지에서는 허위 과장광고와 왕홍들의 태도가 문제시되는 것도 사실이다. 중국 정부에서도 허위 과장광고를 단속하고 있다. 남자 왕홍 리자치가 판매한 프라이팬에 달걀 프라이가 달라붙으면서, 제품의 코팅 성능을 강조했던 것이 논란이 된 적이 있다.

이처럼 라이브커머스는 신뢰가 기본이 되어야 하기 때문에 만약 이 신뢰가 무너지면 왕홍의 인기도 역시 타격을 입는다.

왕홍

"왕뤄홍런(网络红人)"의 줄임말. 현실이나 인터넷 생활에서 어떤 사건이나 행위로 인해 네티즌의 주목을 받거나 전문 지식을 지속적으로 전달해서 잘 나가는 사람을 말한다. 플랫폼에 따라 타오바오 왕홍, 웨이보 왕홍, 틱톡 왕홍 등으로 분류되기도 하고, 활동 분야에 따라 생방송 왕홍, 전자상거래 왕홍, 콘텐츠 왕홍 등의 다양한 유형으로 나뉜다.[5]

그렇다면 라이브커머스는 꼭 인플루언서가 진행해야 할까? 그렇지 않다.

라이브커머스의 유형은 크게 두 가지로 나눌 수 있다. 첫째로 기존의 e-커머스에서 라이브를 추가한 형태가 있고, 둘째로 라

5) 주이페이(Zhu Yifei), 〈왕홍의 특징이 구매의도와 구전효과에 미치는 영향〉, 석사학위, 건국대학교 경영학과 대학원, 2021

이브 스트리밍 자체를 상업적으로 사용하는 경우가 있다.

우리는 생방송을 라이브라고 한다. TV홈쇼핑에 익숙한 우리는 홈쇼핑을 네이버, 카카오, 쿠팡, 그립 같은 라이브 플랫폼에서 진행하는 것을 라이브커머스로 받아들이고 있다. 이것은 TV홈쇼핑에서 활동하던 쇼호스트가 마찬가지로 홈쇼핑처럼 진행하는데 다만 홈쇼핑의 장소만 바뀌는 셈이다.

라이브커머스에서 가장 큰 변수는 상품이다. 어떤 상품을 판매하느냐에 따라 누가 진행했느냐가 되는 것이 한국판 라이브커머스다. 인기상품은 일반인이 판매해도 특가라면 매진될 수밖에 없다. 반대로 일반인들이 잘 사용하지 않는 제품을 판매한다면, 유명한 인플루언서가 설명하고 시청률이 높게 나와도 판매율은 저조할 수밖에 없다.

실제로 중국에서도 많은 비용을 지급하고 왕홍을 섭외하였지만 판매가 거의 이루어지지 않아 어려움을 겪은 경우가 있다고 한다.

TV홈쇼핑은 중소기업에서는 비용 부담을 느낄 수밖에 없다. 그래서 라이브커머스를 하지만 이 또한 만만치 않은 비용이 든다. 방송을 송출하는 플랫폼이 다를 뿐이지 대부분 비슷하기 때문이다. 비용 면에서 홈쇼핑은 정규 방송프로그램을 제작한다고 생각하면 쉽게 이해될 것이다.

방송위원회에서 심의를 하기 때문에 쇼호스트가 상품을 소개할 때도 단어 사용에 주의해야 한다. TV홈쇼핑은 어지간히 판매해도 제작진과 게스트들에게 지급되는 비용이 크기 때문에 판매자나 기업 입장에서는 부담될 수밖에 없다. 대기업에서 마케팅 비용을 별도로 투자해서 광고 효과를 누리는 측면이라면 모르겠지만, 중소기업에서 지원 없는 홈쇼핑을 하기는 쉽지 않다.

그래서 나는 일반인들의 라이브커머스 진행을 추천한다.

두 번째 라이브커머스의 경우는 판매자가 직접 자신의 스타일로 상품을 소개하는 라이브 스트리밍을 하는 것이다. 현재 라이브커머스는 플랫폼들이 있어서 수수료를 지급하고 이용하지만, 이런 플랫폼이 아니어도 판매자 자신만의 채널을 만드는 것 또한 좋은 방법이라 생각한다.

온라인 플랫폼에서 오프라인의 현장감을 추가하여 온오프라인의 장점을 함께 활용하는 새로운 비즈니스 형식을 추구해야 한다. 처음부터 잘할 수는 없다. 하지만 SNS를 통해 주변에 알리고 시작을 했다는 데에 의미를 두면 좋겠다.

라이브커머스 플랫폼들이 있지만 그중 가장 인기 있는 곳은 아직까지는 네이버 쇼핑라이브라고 할 수 있다. 이미 티몬에서

티비온을 운영하고 있고 다른 오픈 마켓에서도 라이브 방송을 하고 있지만, 네이버는 국내 최대 검색포털이기 때문에 방송을 시작하면 자동 유입되는 사람들이 많다.

네이버 쇼핑라이브는 스마트스토어를 운영하는 사람들 중에 새싹 등급 이상이면 시도할 수 있다. 각 플랫폼마다 일정한 수수료를 지급해야 하며, 쇼호스트를 섭외하거나 판매자가 직접 할 수도 있다.

라이브커머스가 필요하다고 느끼는 사람들이 많고, 어떤 것인지 대충이라도 아는 사람들은 많다. 하지만 어떻게 해야 하고 어디서 해야 하는지는 정확하게 모르고 있다. 그래서 업체에 의뢰하는 경우가 대부분이다.

그러나 네이버 쇼핑라이브에서는 일반인들도 라이브커머스를 진행하며 좋은 반응을 얻고 있다. 최근 중국에서도 일반인들이 라이브커머스를 진행하는 것을 선호하기 시작했다고 한다. 라이브커머스의 매력은 바로 순수함이다. 부족한듯하지만 상품은 소개할 수 있는 모습을 소비자들은 더 친근하게 느낀다.

거제도에서 중매인으로 활동하는 두 남자의 방송을 우연히 쇼핑라이브에서 보았다. 일반인이 진행하는 라이브 방송이지만, 내가 추구하는 라이브커머스 진행을 모두 하고 있었다. 진행이

유창했다기보다는 상품을 소비자들에게 상세하게 알려주고 재미난 이벤트를 준비하는 등 라이브커머스의 요소를 완벽하게 갖춘 방송이었다. 순수한 사투리와 직업의 전문성을 보여주며 소비자들이 신뢰할 수밖에 없는 본인들만의 스타일로 진행하고 있었다. 마치 유튜브로 먹방을 보듯 이 방송에 계속 빠져들었고, 해산물의 정보도 배울 수 있어서 좋았다.

홈쇼핑의 쇼호스트가 현재 라이브커머스 시장에 많이 진출해 있기 때문에 그 방식이 정답이라고 생각할 수 있겠지만 라이브는 정답이 없다. 누구나 자신의 스타일대로 설명해야 특색이 있다.

만약 라이브커머스 진행자가 되려고 한다면, 현재 자신에게 어울릴 만한 상품을 선정해서 연습하는 게 도움이 될 것이다. 어떤 일을 하는데 망설이면 다른 사람들이 먼저 해버린다. 조금 부족하다고 느낄 때 먼저 시작하고 배워가는 것을 추천한다.

나는 독서와 거리가 먼 사람이었다. 그래서 글쓰기는 당연히 어려울 수밖에 없었지만, 부족한 부분을 배우고 조금 알 듯할 때 바로 글을 써내려갔다. 아직도 많이 부족하지만, 부족한 상태에서도 완성을 할 수 있다는 성취감을 느끼고 나면 그다음은 용기가 생긴다.

라이브커머스는 이런 마음으로 시작해야 한다. 다른 사람들의 손가락질을 두려워하면 아무것도 할 수 없다. 자신이 부족한 것을 느끼고 더 배우겠다는 마음을 가지게 하는 약손이라 생각하면 된다.

라이브커머스를 진행할 때는 소통을 해야 하기 때문에 말을 잘하는 것보다는 표정이 좋아야 한다. 항상 웃는 얼굴은 소통의 첫 번째 단추다. 자신이 모르는 것을 질문 받으면 난처해하지 말고 솔직히 대답하고 다시 참여자들에게 되물어도 된다.

나는 이 책을 라이브커머스 사용설명서처럼 만들고 싶다. 거창한 것 같지만 아무것도 아닌 '그냥 하면 된다'라는 자신감을 심어주고 싶다.

생산자와 직접 라이브 진행을 해보고 느낀 점은 이분들이 사실 처음부터 상품을 많이 팔겠다는 생각을 하지 않는다는 것이다. 방송이 시작되면 자신이 만든 제품이 좋다는 말을 많이 한다. 판매보다는 제품 자랑을 많이 한다는 것이다.

가령 사과를 판매할 경우, 당도가 몇 브릭스가 나오고 약을 많이 치지 않고 정말 맛있는 사과인데 어디 가도 이런 사과는 맛볼 수 없다고 한다면 그 말을 듣는 소비자들은 모두 믿을까?

만약 홈쇼핑에서 그렇게 측정 장비나 영상으로 환경을 방영해도 사람들은 직접 확인한 것이 아니기 때문에 의심의 눈초리로 볼 것이다. 그래서 라이브커머스는 스마트폰으로 보고 있고 판매하는 곳이 현장이기 때문에 상품 자랑은 짧게 하는 것이 효과적이다. 나머지는 소비자에게 궁금증으로 넘기고 소비자가 댓글로 질문하도록 해야 한다.

자신이 생산하는 제품이기 때문에 소비자가 어떤 질문을 하더라도 자신 있게 답변할 수 있을 것이다. 소비자가 이해할 수 있도록 짧고 명확하게 대답해주면 소비자들이 신뢰하게 된다. 제품의 설명이 너무 길어지거나 자랑이 많아지면, 소비자들에게는 과대광고나 자기자랑처럼 들릴 수 있다. 소비자들의 질문을 통해 답해주는 것이 가장 명확하고 간결하다.

홈쇼핑이 쇼호스트의 설명 중심이라면 라이브커머스는 소비자와 소통을 통해 판매를 유도하는 것이다. 그래서 많은 질문을 받을 각오를 하고 있으면 마음이 편안해진다. 홈쇼핑과 라이브커머스가 형태는 비슷하지만 성격은 완전히 다른 것이다. 지금 라이브커머스가 홈쇼핑과 비슷하게 느껴지는 것은 쇼호스트 출신 진행자가 많기 때문이다.

인플루언서를 연결해주는 전문업체(MCN)에서 진행자를 선정할 때 팔로워나 구독자가 얼마나 있는지를 두고 수수료가 달라진다고 한다. 중국에서는 팔로워 중에서도 진성 팔로워와 현재 인플루언서의 실제 영향력까지 고려해서 섭외를 한다. 이것은 라이브커머스를 1회성 판매 전략 정도로만 치부하지 않고, 지속적인 판매와 마케팅 효과를 고려해 접근하는 것으로 볼 수 있다.

모든 인플루언서가 판매를 잘하는 것도 아니고, 자신이 좋아하는 콘텐츠는 잘할 수 있으나 그렇지 못한 부분들도 있기 때문에 기업 입장에서는 라이브커머스의 진행자를 섭외할 때 메가 인플루언서만을 고집할 필요가 없는 것이다.

MCN

다중 채널 네트워크(Multi Channel Network). 창작자(채널)들과 제휴하여 제작이나 자금, 홍보, 저작권 관리, 수익 창출/판매, 고객 확보 등을 지원하고 채널 수익의 일부를 공유하는 업체.[6]

라이브커머스로 홈쇼핑만큼 판매를 한다면 순수익은 홈쇼핑의 몇 배가 될 것이다.

라이브커머스는 품목이 정해져 있지 않다. 어떤 것이라도 보여주고 거래가 되는 것이라면 가능하다. 최근 부동산을 유튜브

6) 김현학 · 양희승 · 이나경, 《MCN(Multi-Channel Network) 활성화가 고용에 미치는 영향》, 한국노동연구원, 2020

에서 소개하고 중계사가 임장을 가서 영상으로 소개하는 것도 라이브커머스이고, 중고자동차를 영상으로 소개하면서 판매하는 것 또한 마찬가지다.

심지어 중국은 라이브커머스로 스타벅스 가맹점까지 모집하고 있다. 그런 면에서 본다면 라이브커머스 시장은 무한하며, 여기에 소비자와의 상호작용과 정보제공 그리고 재미까지 더해진다면 많은 관심을 꾸준히 받을 것이다.

라이브커머스 진행자는 현장에서 진행하는 감각이 뛰어나야 하고, 상품의 셀링 포인트를 체크하는 능력도 뛰어나야 한다. 상품 설명을 잘한다고 해도 라이브이기 때문에 어떤 변수에 대응하지 못하면 문제가 될 수 있다. 현장 감각은 뛰어난데 상품의 특징을 잘 설명하지 못하는 것도 문제가 된다.

하지만 확실한 것은 홈쇼핑에서의 실수는 크게 보일 수 있지만 라이브커머스 진행에서는 그렇게 부담을 가질 필요는 없다는 사실이다. 그래서 라이브커머스는 판매자가 직접 하기에 가장 좋은 시스템이다.

특히 농어촌의 생산자와 가공식품을 생산하는 분들께 적극 추천한다. 최근 지자체에서 생산자를 위한 라이브커머스 예산을 편성하는 곳도 있다. 이러한 지원을 잘 활용한다면 판매 걱정 없이 즐겁게 생산하고, 소비자와의 소통을 통해서 판매도 잘할 수 있을 것이다.

중국에서도 농촌 라이브커머스를 장려하고 있다. 이렇게 생산지에서 중간 유통단계를 거치지 않고 소비자와의 소통을 통해 직접 연결한다면 가격 면에서도 많은 이득이 될 수 있다.

며칠 전 노량진 수산시장의 영업실적이 좋지 않아 수족관의 고기를 버려야 한다는 기사를 보았다. 마음으로는 달려가서 실시간 방송을 하루 종일 켜두고 라이브로 떠들고 싶었다.

라이브커머스를 5~6년 전에 경매와 함께 생각했었던 적이 있다. 힘들게 농사를 지은 농민들이 배추와 양파를 갈아엎는 것을 보면서 얼마나 돈이 안 되면 저렇게 퇴비를 만들까 싶었다. 1년 농사를 힘들게 했는데 농산물 가격이 너무 떨어져서 내다 팔아도 돈이 안 되니까 갈아엎는 것이었다.

하지만 소비자들은 마트에서 구입해 먹으면 그렇게 싼 가격이 아닌데 어떻게 된 사정일까? 다들 알다시피 중간단계에서 가격이 올라가는 것이다. 그래서 직거래 장터처럼 생산자와 소비자가 더 밀착하여 판매가 이루어지면 좋겠다는 생각을 했었다. 이제 라이브커머스가 활성화되면 판로와 가격 걱정을 하시는 농어민들을 아낌없이 도와드리고 싶다.

나는 스마트스토어를 운영 중이다. 라이브커머스를 하면서 좋은 상품을 소싱해서 스토어에 올릴 수 있는 장점도 있다. 온라인 마켓에 제품을 업로드하고 라이브커머스로 현장을 소개하는 시스템은 코로나19로 사회적 거리 두기를 하는 요즘은 더 필요한 시스템이 되었다.

일반인들에게 라이브커머스를 진행하라고 추천하면 화려한 조명 아래 멋진 옷을 입고 메이크업한 모습을 떠올리기도 한다. 라이브커머스는 있는 그대로의 모습이 때로는 더 멋있고 자연스럽다. 외모보다는 말의 진정성이 더 높이 평가받는다.

라이브 스트리밍과 전자상거래를 결합한 방식은 소비자들에게 친근하고 정확한 정보를 더 많이 전달할 수 있다. 텍스트와 이미지로 꾸며진 영상들을 보여주는 것이 아니라 소비자가 신뢰할 수 있는 영상을 실시간으로 보여주고 소통하는 데 의미가 있다.

왜 라이브커머스가 뜨는가

아직도 라이브커머스가 어떤 것인지 모르는 사람들도 있다. 지인들과 통화할 때마다 라이브커머스를 먼저 말한다. 아는 사람들은 성장하고 있는 분야라고 말하는 반면에 아직 모르는 사람은 그 의미도 알지 못한다. 하지만 지금의 라이브커머스 성장 속도로 본다면 올해 안에 라이브커머스 시장은 거인이 될 확률이 높다. 라이브커머스 시장은 급속도로 성장하고 사람들에게 다가갈 것이다. 이유는 지금도 증명되고 있다.

코로나19로 인해 사회적 거리 두기, 비대면이 이루어지면서 사람들은 답답함을 호소한다. 외출이 자유롭다면 기분전환하고 싶을 때 쇼핑을 하고 여행도 하면서 맛집도 방문할 텐데 모든 것이 멈춰 있다. 기존에 인터넷쇼핑에서 혼자 상품을 찾고 오프라인에서 쇼핑하던 사람들이 이제 라이브커머스로 모이고 있다.

텍스트나 이미지가 아니라 동영상을 보면서 소통하는 라이브커머스는 소비자들이 만족을 느끼면서 더 인기가 좋아졌다. 판매자와 소비자 사이의 소통뿐만 아니라 소비자들끼리도 댓글로 소통할 수 있기 때문에 그 시간만큼은 커뮤니티가 형성된다.

경험으로 볼 때 라이브커머스 방송을 시작하고 들어온 소비자가 소통을 하면서 방송이 끝날 때까지 있는 경우가 상당히 많다. 구매를 위하여 들어왔는데 판매자가 자신의 닉네임을 반복적으로 불러주며 소통하기 때문에 심리적 부담이 줄어든다. 지나간 질문을 늦게 들어온 소비자가 다시 한다면 오래 있었던 사람이 댓글로 답을 하는 경우도 있고, 이벤트를 하다가 당첨이 되면 그 방에 있던 사람들이 당첨자에게 축하 인사까지 남긴다.

단순히 상업적인 측면을 벗어나 새로운 문화가 되어가고 있다는 느낌을 받았다. 우리나라뿐만 아니라 세계시장에서도 라이브커머스가 인기를 누리고 있다. 판매자와 소비자 양쪽 모두 혜택을 보는 것이기 때문에 사람들의 관심을 받는 것이 당연하다.

얼마 전 라이브커머스 진행을 위해 함께했던 업체에서는 예전부터 TV홈쇼핑 광고를 해왔고 영상을 제작해서 마케팅을 하고 있다고 하였다. 그러면서 라이브커머스는 방송인 줄로만 알고 있었다. 실제 라이브커머스 진행을 마치고 난 후 제일 먼저 소비자와 바로 소통할 수 있어서 너무 좋았다고 하였다.

라이브커머스가 뜨는 이유는 많겠지만 우선 저비용으로 광고와 판매 효과를 함께 누릴 수 있고, 판매자와 소비자 간의 소통을 통해 제품에 대한 신뢰도가 높아지며, 또한 판매자와 소통했던 고객이 제품에 대해 만족한다면 다시 찾을 수 있기 때문이다. 기업은 홈쇼핑보다 저비용으로 좋은 효과를 누릴 수 있고, 소비자들은 궁금한 점을 댓글로 물어볼 수 있다는 것도 매력적이다.

라이브커머스 방송을 꼭 스마트폰으로만 촬영하지는 않는다. 카메라로 촬영하든 다른 장비를 사용하든 중요한 것은 소비자와 판매자 혹은 생산자와 소통을 한다는 것이다. 시장에 가서 물건을 구입할 때 주인에게 이것저것 물어보고 구입하듯이, 이것을 그대로 온라인으로 옮겨 놓았다고 생각하면 된다.

비대면과 사회적 거리 두기로 인해 외부 활동이 어려운 지금, 라이브커머스는 온라인과 오프라인의 장점을 두루 아우를 수 있고 소비자가 편하게 접속할 수 있어서 매력적이다. 온라인으로 생동감 있게 판매할 수 있고 서로 소통할 수 있다. 그리고 지금은 라이브커머스를 하면 특가 판매를 하기 때문에 가격 면에서도 매력이 있다. TV홈쇼핑의 시스템을 차용해서 라이브커머스 진행에서도 기존에 없던 상품 구성을 제시한다거나 특별 이벤트를 할 수도 있다.

내가 말하는 라이브커머스는 라이브 MC들의 진행 스타일과 쇼호스트의 판매 스타일을 합친 것을 의미한다. 스튜디오에서 라이브커머스를 하면 쇼호스트의 강점이 발휘될 것이고, 현장에서 일어나는 돌발 상황이나 변수에 적응하는 능력은 라이브 진행자들이 잘할 수 있다.

라이브커머스를 진행해보면 축제에서 다양한 스타일의 사람을 만나듯이 생산자와 판매자의 스타일도 다양함을 느낄 수 있다. 어떤 사람은 나서기를 싫어하는 반면 대부분의 사람들은 기다렸다는 듯 신나게 설명하고 프로그램을 즐기는 사람도 있다. 이제 시작 단계이지만 이런 점들을 조합해서 힘들지 않고 재미있는 한국형 라이브커머스가 자리 잡을 것이다.

우리나라에서는 시작 단계라고 할 수 있는 라이브커머스는 5~6년 전 중국 왕홍의 활약을 벤치마킹할 수밖에 없다. 하지만 라이브커머스를 먼저 실행한 중국의 왕홍들이 시행착오를 겪은 부분은 잘 판단해서 피할 수도 있다. 결국 우리나라 스타일의 방식이 갖춰질 것이다.

중국의 타오바오는 판매를 목적으로 왕홍들의 진행 시간을 매일 6~7시간씩으로 정하고 그렇게 해야 왕홍의 등급을 올려주는가 하면 입점하는 제품의 브랜드 지수를 체크하기도 했다. 경쟁이 과도해지면 판매량과 노출 수, 후기 등을 조작하기도 한다. 이런 문제점들을 우리는 바로 정비하면서 한국형 라이브커머스를 만들어갈 수 있다.

가상 인플루언서

3D 그래픽으로 만들어진 가상 이미지라는 점에서는 아바타와 유사하다. 하지만 아바타는 사용자 자신을 표현하는 용도에 그치는 반면, 가상 인플루언서(Virtual Influencer)는 브랜드의 용도와 이미지에 따라 원하는 대로 제작이 가능하며 활용 폭이 넓다.
광고모델로 활약하는 경우가 많으며, 유명한 가상 인플루언서인 릴 미켈라(Lil Miquela)의 경우에는 인스타그램 팔로워 수가 300만 명을 넘어설 정도로 스타성을 입증하고 있다.[7]

몇십만, 몇백만의 팔로워를 보유한 메가 인플루언서의 파워는 막강할 수밖에 없다. 몇만의 팔로워가 있는 마이크로 인플루언

7) 장혜수 · 여은아, 〈3D 가상 인플루언서에 대한 20–30대 남녀 소비자 인식〉, 《복식문화연구》 제28권 제4호, 복식문화학회, 2020

서들도 잠재력을 보유하고 있어 무시할 수 없다. 더 나아가 나노 인플루언서라고 하는 일반인들도 있다.

세상사람 누구나 인플루언서가 될 수 있다. 이제는 가상의 인플루언서도 만들어지고 있다고 한다. 어쨌든 라이브커머스가 앞으로 급성장할 것은 확실시된다. 성장통을 많이 겪지 않고 많은 사람들이 혜택을 볼 수 있기를 바라는 마음이다.

세계 최고 수준의 온라인을 갖춘 우리나라의 라이브커머스 플랫폼은 앞서 진입한 중국보다 더 많이, 더 빠르게 성장하고 있다. 옥션, G마켓, 11번가 같은 오픈 마켓과 쿠팡, 위메프, 티몬 같은 소셜커머스를 보면 알 수 있다.

오픈 마켓은 광고로 소비자를 유입시키고, 소셜커머스는 초창기 공동구매 방식을 추구함으로써 종래의 e-커머스 시장을 양분해왔다. 전자는 통신판매중개자로서 광고비 부담이 발생하고 후자는 통신판매업자라는 엄연한 차이가 있었지만, 이제는 모든 것이 라이브커머스로 통합되는 추세인 것이다.

라이브 진행을 위해서 입점하는 방법이 조금씩 다르고 수수료의 차이가 있지만, 변화의 흐름을 따라가는 것은 공통적이라고 할 수 있다. 그러면서도 각 플랫폼마다 자기들만의 강점을 내세우고 있고, 최근 로켓배송으로 앞서나가는 쿠팡까지 합세했다.

이렇게 기업들이 플랫폼을 가지고 라이브커머스에 뛰어든 이유라면, 현재 라이브커머스가 트렌드이기 때문일 수도 있겠지만 유통시장의 변화에 적응하려면 필수 불가결한 선택이다.

모든 기업들은 자신들이 추구하는 경영의 가치가 있다. 그 가치에 따라 각각의 플랫폼의 특징들이 다르게 나타나고 있다. 네이버와 쿠팡은 태생 자체가 다르다. 하지만 현재는 라이브커머스라는 흐름에 각각 적응하고 있다. 상대의 강점을 벤치마킹하지만 자기만의 색깔은 유지되는 형태가 될 것이라고 생각한다.

그것은 28년간 마이크를 잡고 무대에서 진행하던 내가 갑자기 쇼호스트가 될 수는 없는 것과 같다고 할 수 있다. 장점을 강조하고 부족한 부분을 채워나가는 것이 자신들만의 색깔을 유지하면서 성공할 수 있는 방법이라 생각한다.

이런 것을 보면 일반인이나 생산자도 얼마든지 직접 라이브커머스 진행을 할 수 있다. 사람은 누구나 자신만의 강점이 있다. 하지만 그 강점을 살리기보다 단점만을 탓하고 있기 때문에 어떤 일을 시작하기에 앞서 두려움부터 느끼는 것이다.

용기를 내어 도전한 사람들은 라이브커머스 진행을 경험하고 나면 후회보다는 만족을 느끼고 다음에는 더 잘해야겠다고 말한다. 요컨대 라이브커머스가 매력이 있는 것은 확실하다.

떠나기 전에 미리 올라타라

지금은 라이브커머스 시대라 해도 과언이 아니다. 라이브커머스라는 말이 나오기 무섭게 플랫폼들이 생겨났고, 플랫폼에 입점하기 위해서 기업들이 인플루언서나 셀럽들을 찾고 있다.

하지만 나는 생각이 다르다. 대기업은 어차피 마케팅 예산이 많기 때문에 어떻게든 광고로 소비자에게 다가가면 된다. 하지만 중소기업이나 소상공인들은 그런 부분에서 고민이 많아진다.

나는 처음부터 라이브커머스 진행을 할 때 농수산업에 집중하여 생산지에서 생산자가 직접 판매하기를 추천했다. 지난겨울 한파까지 몰아치는 추운 날씨였지만 비닐하우스에서 라이브커머스를 진행한 적이 있다. 진행하는 데에는 이런 장소가 최고다.

그때 함께했던 생산자분들은 라이브커머스라는 버스에 이미

올라탄 사람들이다. 전문가만큼 매끄럽지는 않지만 그래도 직접 생산한 상품을 소비자들에게 소개하고 소비자들과 소통하면서 판매를 한다는 것에 큰 의미를 둘 수 있다.

반면 엄두도 못 내는 사람들이 대부분이다. 그래서 라이브커머스 진행의 핵심은 연습이다. 처음 진행을 할 때에는 무슨 말을 할지 고민되는 부분이 많다. 그래서 상품의 종류를 많이 준비해서 상품을 소개하다보면 저절로 말이 나오는 방법을 사용하는 것이 편리하다.

상품의 종류가 많으면 길게 설명하지 않아도 되고, 설명에만 의존하는 것이 아니라 소비자들의 질문이 있기 때문에 어떤 말을 할지에 대한 부담감이 줄어든다. 상품의 종류가 말하기의 주제가 되는 것이다. 어느 정도 숙달되면 상품의 종류를 줄이고 상품 소개보다는 상품과 관련된 스토리텔링을 하면서 더 여유 있게 진행해도 좋다.

사람들은 어떤 상황에서든 말하기를 두려워한다. 그것은 잘해내겠다는 마음에서 나오는 것이기 때문에 언젠가는 잘하게 된다. 평소 말을 잘하던 사람도 영상 촬영을 하면 자세를 꼿꼿이 하고 말도 딱딱해지기 마련이다. 하지만 라이브커머스 진행은 발표가 아니다. 그냥 사랑방에서 대화하듯 편한 것이 가장 좋다.

처음 라이브커머스를 진행할 때는 혼자보다 둘이나 셋이서 함께하는 것이 좋다. 처음부터 재미있는 진행을 하겠다는 마음보다는 옆 사람과 대화하면서 소비자의 질문을 체크하고 그 질문을 주제로 이야기하는 방식이 자연스럽다. 라이브커머스의 목적이 판매라는 것을 잊어서는 안 된다. 스토리텔링을 하다가도 상품의 구성과 오늘의 혜택에 대해서 수시로 말해야 한다.

제품을 판매하는 사람이라면 라이브커머스를 직접 진행할 것을 추천한다. 스마트스토어와 라이브커머스 플랫폼을 함께 운영한다면 광고 효과는 더 좋아질 것이다. 나는 라이브커머스 진행을 위하여 스마트스토어를 오픈하였다. 라이브커머스 진행 후에 상품은 스토어에서 구입할 수 있다는 광고를 할 수 있기 때문이다. 그러면서 스토어와 방송 시간에 구입하는 차이점을 부각시키면 구매욕을 더 자극할 수도 있다.

예전에 우리가 물건을 구입하기 위해서는 동네 슈퍼마켓을 찾았었다. 과자를 하나 구입하더라도 꼭 가던 곳이 정해져 있었다. 그러다 24시간 편의점이 생겨났다. 처음에는 조금 어색했는데 지금은 상황이 달라졌다. 편의점에서 대부분 구입하고 편의점은 물건 값이 비싸다는 이미지도 많이 사라졌다.

라이브커머스 시장은 하루가 다르게 성장하고 있다. '어떻게 시작하고 얼마나 빨리 뛰어드느냐?'가 중요하다. 시작 단계일 때 먼저 경험해본다면 어렵지 않게 접근할 수 있고, 실수하더라도 시작 단계라 편하게 연습한다는 마음으로 할 수도 있다.

모든 일이 어렵게 접근하면 진행도 어렵고 더뎌지기 마련이다. 나는 처음 마이크를 잡고 진행을 했을 때 열정만 가지고 무모하게 도전했었고, 그것이 시작이 되어 지금까지 어떤 상황이든 해낸다는 마음으로 해왔다.

현재까지 오는 과정 중에도 많은 사람들이 힘들 때마다 포기하고 또 새로운 사람들이 시작을 했다. 포기하는 사람들은 비전이 없다고 생각했을 것이고, 시작하는 사람은 꿈과 희망을 가지고 시작했을 것이다. 같은 목표를 두고 시작과 끝의 마음이 이렇게 다를 수 있다.

라이브커머스 진행은 나뿐만 아니라 많은 사람들이 관심을 가지고 도전하고 싶어 하는 직업이 될 것이다.

자신의 능력은 의지가 만들어낸다고 생각한다. 외모는 이미지로 채워질 수 있고 나이는 노련미로 표현할 수 있다. 지금까지의 인생 경험을 풀어내어 자신이 설명할 상품에 녹여내면, 자신의 장점을 드러낼 수 있는 라이브커머스 진행자가 될 것이다.

시간이 흐를수록 라이브커머스는 확산될 것이다. 지금 준비해

서 미리 승차하고 있어야 기회를 잡을 수 있다. 지금도 관심만 가지는 이들이 많은가 하면 버스에 올라타는 사람들도 있다. 아직 기회의 문은 활짝 열려 있으니 도전해볼만 하지만, 조금만 지나면 러시아워가 될 것이 분명하다. 눈치 보지 않고 과감하게 배우고 열정적으로 연습하여 제대로 즐기면서 꿈을 펼칠 수 있는 라이브커머스의 세계에 꼭 입성하기를 바란다.

학창 시절 말 잘하고 나서기를 좋아했던 친구를 요즘 만나면 예전에 그 친구의 말하는 스타일이 부러웠다고 나는 이야기한다. 지금도 그 친구는 여전히 말을 잘하고 재미있다. 학교 방송반에 있었고 교내 아나운서를 하면서 어깨 힘주고 다니던 다른 친구는 내가 진행을 하고 있으니 자신이 원했던 길을 생각지도 않았던 내가 하고 있다고 말한다.

사람들의 꿈은 생각을 해야 시작되는 것이다. 방송반 활동을 하던 친구를 보며 나도 그렇게 되고 싶다는 마음이 항상 있었고, 우연히 기회가 왔을 때 나는 더 열정적으로 맞이하였다.

사람들은 어떤 일을 처음 시작할 때 나이 핑계를 대는 경우가 많다. 사람이 성공하는 데에 나이는 아무런 제약이 되지 않는다. 기업에 입사한다면 어려울 수 있지만, 1인 기업으로 지금 당장 무엇인가를 시작하는 데에는 나이가 많다면 더 아름다운 도전이 될 수 있다.

특히 삶의 경험이 많은 사람들이 라이브커머스를 진행한다면, 어떤 시나리오보다도 생생한 자신의 경험을 시나리오로 사용하면 된다. 하지만 조금만 망설이면 버스는 기다려주지 않는다. 출발한 버스를 따라가려면 더 많은 힘을 쏟아야 한다.

요즘 농어촌 지역에서 진행을 해보면 정부에서 이분들을 위한 복지 지원을 잘해서인지 배움을 즐기는 분들이 많다는 것을 느낄 수 있다. 처음에는 당연히 어색해하고 필요 없다고들 하신다. 하지만 과정을 마치고 나면 그다음 과정을 벌써 신청하고 개강하기를 기다리신다.

그 옛날 말은 할 줄 알지만 글을 배우지 않아 읽고 쓰기가 안 되어 평생을 마음 졸이며 사신 할머니들이 문예반에서 수업을 듣고 시집을 내셨다. 나는 이분들의 시를 수업한지 얼마 되지 않았을 때 직접 보았다. 수업을 들으러 오신 할머니들은 주름이 진 소녀의 모습이었다. 인생의 순수하고 아름다운 이야기를 글로 쓰고 싶은 일념을 현실로 이루어내셨다.

그때부터 나는 이분들처럼 나이를 잊어버렸다. 새로운 것을 시작하는 데 나이는 드림킬러로 작용하기 때문에 아예 잊어버리고 생활한다. 모든 분야에서 이렇게 도전하는 인생을 사시는 분들을 만날 수 있다.

특히 철인3종 경기를 진행하러 가면 젊은이들도 힘들어하는 울트라 철인 경기를 매번 출전하시는 주름살 많은 청년이 있다. 나는 이분을 인터뷰할 때는 일반적인 질문을 하지 않는다. 다음 경기가 언제 잡혀 있는지만 물어본다. 그리고 파이팅! 이게 전부다. 그렇게 열정이 많은 분에게는 더 필요한 게 없다.

나는 새로운 것을 시작하기를 좋아한다. 언제부터인지 모르겠지만 해야겠다고 마음이 생기면 그냥 하는 습관이 있다. 남들은 내가 도전 정신이 강하다고 하는데 나는 그냥 시작하는 것이다. 시작을 하면 더 잘하는 사람들이 앞에서 끌어주기도 하고, 모르는 것은 배워가면서 하면 된다. 무엇인가를 시작했으면 빠르게 숙달시켜야 한다. 그것은 나보다 늦게 시작한 사람이 더 열심히 해서 나를 앞서가는 것을 원하지 않기 때문이다.

처음부터 시작하지 않거나, 시작했으면 멈추지 말고 밀어붙이는 것이 내 스타일이다. 때로는 무모하게, 가끔은 무식하게. 결과는 항상 스스로 만족하면 된다. 남의 눈치 볼 필요 없이 스스로 습득하고 경험한 만큼 필요한 사람에게 베풀어줄 수 있다면 그것으로 만족한다.

지금도 라이브커머스 진행을 해보고 싶은데 고민하는 사람들이 많을 것이라 생각한다. 지금 열정이 가장 불타고 있다고 생각하라. 조금 더 시간을 보내면 그 열정이 식어버린다. 누군가 그것을 하고 있을 때 '나도 저것을 하려고 했었는데'라는 필요 없는 말만 하게 될 것이다.

그리고 확실히 배워서 잘하겠다는 생각은 버려야 한다. 항상 정답은 없다. 그 말은 확실하게 배우는 과정이 없다는 것이다.

순서대로 배우고 계속 그것을 할 수 있는 조건이라면, 시간이 흐르면서 정답은 내 안에서 나오게 되어 있다.

모든 것이 처음에는 걱정되기도 하고 설레기도 한다. 이런 느낌을 오랫동안 간직해야 성장에 도움이 된다. 무엇인가를 시작하는데 두근거림이 없다면 그것은 나와 맞지 않는 것이다. 그런 일은 시작하더라도 금방 포기하거나, 일을 하는 동안 불평이 가득하게 된다.

라이브커머스를 생각했을 때 가슴이 뛴다면 당장 시작해야 한다. 지금 쓰는 이 말은 내가 처음 마이크를 잡았을 때 느낌을 그대로 표현한 것이다. 책을 썼지만 글재주가 뛰어나지 못하다. 있는 그대로 표현하고, 어색한 부분도 자연스럽게 읽어주기를 바라는 마음이라 꾸미지 않고 그냥 써내려간다. 이것이 내가 방송보다 라이브를 좋아하는 이유다. 만약 라이브커머스를 진행한다면 꾸미지 말고 있는 그대로, 자신이 느끼는 대로 상품을 소개하고 생산자와 대화해야 소비자에게 그 느낌이 잘 전달된다.

Live 온라인에서 성공하라

코로나19 때문에 온라인과 친해졌다. 컴퓨터와는 거리가 멀었던 내가 코로나19로 인해 저절로 온라인에 입문했다. 스마트폰으로 단순한 기능만 사용했었는데 필요한 앱을 다운로드하면서 기능이 좋은 스마트폰으로 바꾸었다.

컴퓨터가 보급되던 시절로 돌아가 보면 그저 프로그램 용어만 알고 있었지, 자동차에 컴퓨터가 들어가고 홈 시스템이나 쇼핑을 컴퓨터로 할 것이라는 생각을 하지 않았다. 삐삐와 공중전화는 이제 기억도 가물가물하다. 처음 휴대폰이 나왔을 때 홍콩영화 흉내를 내면서 멋있는 척 장난을 치기도 했었다.

그 당시에도 온라인의 성장을 예측한 사람은 있었다. 나에게 컴퓨터는 단순히 문서 작성과 게임을 하기 위한 기계 정도였지만, 그러나 생활 속으로 조금씩 흡수되는 추세였다.

그 후 게임시장이 성장하고 인기 있는 인터넷게임을 즐기는 젊은 층이 생겨나면서 PC방이 전국 각지에 들어섰다. 어른들은 아이들이 게임에 중독되는 것을 걱정했다. 아마도 그때 게임 하던 아이를 코치만 잘했어도 연간 몇억 원을 벌어들이는 프로게이머가 될 수도 있었다. 지금은 누구나 컴퓨터를 다루고 스마트폰으로 쉽게 인터넷을 하지만, 그 당시에는 컴퓨터 앞에만 있는 사람을 고운 시선으로 보지 않았다.

이제는 온라인으로 대부분의 일상을 보내고 있다. 디지털을 아직도 습득하지 못한 사람들은 올해를 기점으로 격차가 엄청나게 벌어질 것이다. 그렇다고 온라인에만 매진해서도 곤란하다.

얼마 전 나는 스마트스토어를 오픈하였다. 스토어를 오픈하기 위해 강의료를 지불하고 코로나19 때문에 온라인수업을 들었다. 첫 시간에는 무슨 말인지 알아들을 수가 없어서 기록을 해두고 천천히 알아가기로 했다.

스마트스토어 방식은 직접(사입) 판매와 위탁 판매가 있는데 마진을 많이 남기기 위해서는 사입을 하는 것이 좋겠지만, 재고와 배송 면에서는 위탁 판매가 편리하다. 하지만 위탁 판매는 고생만 하고 남는 게 거의 없다. 나는 다른 방법으로 하기 위해서 라이브커머스와 스토어를 병행하는 시스템을 이용하고 있다.

텍스트와 이미지만으로는 부족하다. 요즘은 동영상으로 설명하고 댓글로 소통해야 소비자들의 반응을 얻어낼 수 있다. 라이브커머스 진행 시간을 공지하고, 방송이 끝나더라도 스마트스토어에서 좋은 상품을 구입할 수 있게 광고하면 일석이조의 효과가 있을 것이다. 물론 라이브커머스 진행 시간에는 참가자들이 즐길 수 있는 이벤트를 준비하는 것도 방법이다.

스마트폰의 기능이 좋아지면서 현대인들은 스마트폰으로 검색하고 필요한 것을 앱으로 꾸미기도 한다. 어떤 개발자가 이름을 붙였는지 스마트폰이라고 부른 것은 현명한 판단이었던 것 같다. 이제 스마트폰으로 하지 못하는 것이 없다. 이렇게 똑똑한 기계를 이용해서 사람들은 판매를 한다. 인간의 한계는 무한하다. 인터넷으로 스마트스토어를 오픈하고 스마트폰으로 영상을 찍고 소통하면서 판매하는 것이 대단하다고 느껴진다.

온라인커머스를 통해 30~40분 만에 억대 매출을 달성하는 사람도 있다. 당연히 인플루언서나 셀럽들이겠지만 일반인들이 그렇게 하지 못할 이유는 없다. 라이브커머스는 방송이 아니다. 홈쇼핑과는 다른 점이 많다. 진행 방식에 따라 라이브 쇼호스트 방식이 있을 것이고, 대화 형식의 진행이 될 수도 있다. 라이브커머스를 진행할 수 있는 플랫폼들이 많고, 그 플랫폼마다 방식이 조금씩 다르다.

당장 라이브커머스를 하면 매출이 많이 늘어날 것이라는 생각은 하지 않는 것이 좋다. 매출이 늘어나는 경우도 있지만, 그렇지 않고 초라하게 끝나는 경우도 많다. 그런 사람들은 라이브커머스를 불신할 수 있지만 그러지 않기를 바란다. 라이브커머스는 꾸준히 해야 한다.

대학축제나 지역축제를 진행해보면 어떤 연예인이 섭외되었는지 사람들이 관심을 보일 때가 있다. 예산이 넉넉하고 조건이 맞다면 흔히 말하는 A급 연예인을 섭외하는 편이 관객 동원이나 축제의 흥행을 위한 방법은 될 수 있다.

하지만 라이브커머스에서는 무엇 때문에 진행을 하는지 따져보고 추진할 필요가 있다. 단순 프로모션이라면 비용을 들여 기업의 이미지와 맞는 인플루언서를 섭외하고 최고의 제품 구성을 제시해서 소비자들의 관심을 집중시킬 수 있다. 대부분의 기업들은 매출 증대를 위해서 라이브커머스를 할 것이다. 또한 소비자들과의 자연스러운 소통을 통해 제품의 재구매를 유도하고, 기업의 좋은 이미지도 전달해야 한다.

일반인 스스로 자신만의 플랫폼에서 라이브커머스를 하려면 먼저 걱정하는 것이 집객이다. 강의든 판매든 소비자가 있어야 뭘 할 수가 있다. 반대로 자신이 소비자의 입장이 되어, 어떤 광고를 봐야 잠시라도 방문할지 생각할 필요가 있다.

다시 말해 필요로 할 만한 제품을 소비자들에게 기억에 남는 방법으로 전달할 수 있다면 성공적이라 할 수 있겠다. 그리고 이때, 라이브커머스의 기대치 중 하나인 최저가나 특가 구성 같은 이벤트가 유용하다. 제품을 구입하는 사람들에게는 만족감을 줄 수 있어야 하고, 시청하는 사람들도 붙잡아 놓을 수 있는 이벤트를 준비하는 것이 좋다. 앞서 말한 거제도 두 중매인이 진행하는 라이브 방송이 그런 면에서 형태를 제대로 갖추었다.

나는 사람들에게 유튜브를 추천할 때 구글에서 주는 무료 방송국을 왜 마다하느냐고 말하면서 그냥 찍어 올리고 연습하라고 한다. 나는 편집도 하지 않고 있는 그대로 실시간 촬영을 해서 자동 업로드되도록 한다.

라이브커머스를 연습하기 위해서라면 유튜브 채널을 이용해서 실시간 방송을 자주할 것을 추천한다. 스마트폰으로도 촬영하고 카메라나 액션캠도 이용해보고 다양한 경험을 해보는 것이 좋다. 영상 편집이 잘되고 내용이 좋으면 사람들의 관심을 받을 것 같지만, 유튜브에서는 컷편집만으로 어설프게 올렸는데도 엄청난 조회수를 기록한 영상이 많다.

문제는 영상의 퀄리티가 아니라 콘텐츠다. 가령 호떡 맛집에서 유튜브 실시간을 하면서 한 시간 동안 구독자에 한해 반값 이벤트를 하고 현장에 있는 사람들에게 구독을 유도한다면, 아마 줄지어 있던 사람들은 대부분 구독 버튼을 누를 것이다.

실제로 지난해 온라인 행사를 하면서 경매에 참여하는 방법 중 유튜브 실시간 경매는 구독을 누르고 참여할 수 있다고 하였는데 많은 사람들이 구독을 눌렀다. 일회성이 아니라 한 달 동안 진행이 된다고 공지를 했는데, 축제가 끝나고 두 달이 되어 가지만 구독자들은 그대로 유지되고 있다.

이런 방법이 라이브커머스의 시작이라고 할 수 있다. 만약 라이브커머스 플랫폼의 조건에 맞추어 입점할 수 있다면 더욱 편하고 안정적으로 진행할 수 있을 것이다. 아무도 없는 불모지에서 연습을 하고 조금씩 자신의 스타일을 만드는 것을 초보자들에게 추천하고 싶다.

예전 연예인들은 메이크업 되지 않은 생얼 공개를 죽기보다 싫어했다. 하지만 요즘은 생얼로 출연하는 연예인도 많다. 더 인간적이고 일반인들이 봤을 때 더 부러워하기도 한다.

일반인은 그런 사람에 비해 연기력도 떨어지고 표현력도 당연히 부족하다. 이를 인정하고 시작하면 부담이 확 줄어드는데, 잘 편집된 영상을 보다가 어색한 자기 영상을 비교하니까 자신감이 갑자기 사라져버리는 것이다. 유튜브로 성공하기 위해서는 로또처럼 운에 맡겨야 한다. 잘하는 사람들은 잘하는 대로 본인은 본인대로 하는 것이다. 우리는 유튜브를 찍는 것이 아니라 라이브커머스 연습을 하는 것이다.

자신의 얼굴을 보면서 자연스러워질 때까지 스마트폰 렌즈를 보고 그 앵글 안에서 내 위치를 잡아보는 연습만 하면 된다. 야외에서는 빛을 피하는 방법과 소리가 어떻게 들어가는지 장소에 따라 연습하는 모습들을 유튜브 저장 공간에 무료로 저장한다고 생각하면 된다.

몇십만, 몇백만 유튜버들이 해외의 몇천만 유튜버를 바라보는 마음은 우리와 같다. 자신이 목표하는 것이 무엇인지 정하면 다른 것들은 아무 의미가 없는데, 목표는 흐릿하게 정하고 시선을 주변으로 돌리기 때문에 마음이 약해질 수밖에 없다.

라이브커머스 진행을 연습하기 위해 영상을 촬영한다는 사실을 명심하자. 온라인 용어와 상품 설명을 할 때 사용할 짧고 명료한 단어들을 평소에 말해보는 것도 좋은 방법이다. 영상을 촬영해서 피드백해보면, 사람은 누구나 자신이 자주 사용하는 단어가 있다는 사실을 알게 된다. 그래서 생소한 단어나 자주 사용하지 않는 단어가 나오면 버벅거리는 것이다.

나는 행사 진행을 할 때 시나리오에 말을 어렵게 써놓은 것은 내 입에 맞게끔 수정해서 말할 때가 많다. 물론 방송에서는 작가가 써준 원고를 그대로 읽어야 하지만, 일반 무대에서는 크게 문제될 것이 없다. 괜히 꼬아놓은 어려운 말을 잘못 발음하는 것보다 훨씬 낫다.

요즘은 모르는 단어가 있으면 스마트폰으로 검색해서 의미를 알고 그 느낌으로 말한다. 예전에는 단어의 뜻도 모르고 발음도 어려운 경우가 가끔 있었다. 정확하게 알지 못하는 것을 어설프게 말하면 웃음거리가 될 수도 있고 행사의 격을 떨어뜨린다.

하지만 라이브커머스 진행은 상품에 관한 설명만 정확하다면,

나머지는 있는 그대로 보여줘도 괜찮다. 이미 라이브커머스를 진행하는 사람들을 보면서 자신이 그들처럼 할 수 있을지 망설이는 사람들이 있다. 현재 그 사람들이 설명하는 상품은 그들에게 양보하고, 자신에게 맞는 상품은 남들이 자신처럼 설명할 수 없다고 느끼도록 준비해야 한다.

세상에 소개하고 판매해야 할 상품은 너무나도 많다. 전국에 그렇게 많은 MC들이 있어도 그것보다 더 많은 행사가 있었다. 나도 27년 진행을 하면서 그토록 바쁘게 다니며 일을 해왔다.

코로나19로 오프라인이 닫혔지만 온라인의 문이 활짝 열려 우리를 반겨주는데 하지 않을 이유가 없다. 지금은 더 많은 기회가 우리 앞에 와 있고, 기회를 위하여 자신의 강점과 준비한 것들을 쏟아부을 때다. 만약 아직 준비가 부족하다면 짧은 시간에 시작할 수 있는 스킬을 코치 받고 시작한 다음, 자신의 스타일을 만들어갈 것을 권장한다.

한발 뒤로 물러난다고 해서 그 자리가 비워진 채로 있다면 열 발이라도 물러나겠지만, 우리가 서 있는 자리도 밀치고 들어오려는 세상이다. 지금 빈자리가 많을 때 시작해야 여유롭게 출발할 수 있다.

홈쇼핑과 라이브커머스는 어떻게 다른가

홈쇼핑과 라이브커머스 진행의 목적은 상품 판매다.

현재 쇼호스트들의 상품 소개와 진행으로 이루어지는 라이브커머스가 많다. TV홈쇼핑에서 다져진 실력으로 아주 명쾌하고 정확하게 상품을 소개해 판매로 이어간다.

하지만 라이브커머스 진행은 전문가가 아닌 일반인들도 가능하다는 것을 말하고 싶다. 3~4년 전부터 기업이나 학교에서 행사를 하면 일반인들이 스스로 준비하고 프로그램을 진행하는 것을 볼 수 있었다. 전문가들도 방심하면 일반인들에게 자리를 내어줄 수 있겠다는 생각이 들었다. 이는 반대로 일반인들도 코치만 잘 받으면 전문가처럼 할 수 있다는 것을 의미한다.

기업에서 진행하는 라이브커머스는 쇼호스트들과 함께하는

경우가 많겠지만, 소상공인이나 직접 생산하는 농민들은 스스로 진행을 하는 것이 쇼호스트보다 더 나은 결과를 가져올 수 있다. 무대에서 진행을 하려면 전문적으로 발성도 하고 자세도 갖추어야 하지만, 라이브커머스 진행은 그렇게 하면 상품 판매를 할 수가 없다. 홈쇼핑은 정보를 일방적으로 전달하는 방식이라 거침없이 설명해야 하지만, 라이브커머스 진행은 소비자와 대화하면서 진행하기 때문에 평소 말하듯이 하면 된다.

일반적으로 말을 시켜보면 사람들은 잘해야 한다는 강박관념이 있다. 말주변이 없다고 하면서 사람들과 대화할 때면 엄청나게 수다를 떨고 있다. 하지만 평소 자신이 어떤 스타일로 말하는지 아는 사람은 거의 없다. 그래서 코치를 받으며 자신의 스타일을 알고 그런 스타일로 말을 해야 자연스러운 진행이 되는 것이다. 사투리를 사용하는 사람이 아무리 표준말을 구사하려고 해도 어색한 것처럼 자연스러운 사투리가 훨씬 듣기 좋다.

생산자와 일반인이 라이브커머스 진행을 하기 위해 코치를 받아야 하는 이유는 온라인으로 소통하기 때문이다. 평소 자신의 스타일을 온라인에서 소비자들이 편하게 받아들일 수 있도록 이미지 트레이닝도 필요하고, 상품을 설명할 때 길어지지 않고 단순하게 하는 방법을 알아야 한다.

홈쇼핑은 전문 쇼호스트의 상품 설명으로 짜여진 틀 안에서 정확하게 진행된다. 일반인이 따라 하기에는 많은 시간과 노력이 필요하고 비주얼도 고민해야 한다. 라이브커머스 진행은 평소처럼 말하다가도 상품 소개나 판매 포인트만 조금 신경 쓴다면 누구나 할 수 있다. 재래시장에서 물건 파시는 분들이 온라인에 적응하신다면 아마 라이브커머스 진행을 가장 잘하실 것이다. 라이브커머스를 스튜디오에서 하면 홈쇼핑에 가깝다고 할 수 있다.

왕홍들이 동대문에서 방송하는 것이 진행자나 생산자가 현장에서 방송하는 것과 같다고 할 수 있다. 중국 내 스튜디오에서 동대문 제품을 사입해서 할 수도 있는 것인데, 현장감을 더 주고 라이브커머스의 취지를 제대로 살리기 위해 동대문시장까지 찾아오는 것이다.

동대문시장이 바쁜 시간에 중국의 왕홍들도 같이 바빠진다. 판매자들도 왕홍들의 촬영에 적극 협조하면서 라이브커머스가 활발하게 진행된다. 옆에서 지켜보면 장비는 스마트폰이 전부고 맨바닥에 앉아서 촬영하거나, 본인의 얼굴은 나오지 않고 제품을 더 많이 보여주는 경우도 있다.

단순히 SNS만으로 소통하기에는 역부족이기 때문에 라이브

스트리밍의 힘을 빌려 진화한 것이 라이브커머스다. 라이브커머스는 아주 작은 스킬만 익히면 누구나 할 수 있다. 라이브커머스 진행을 생산자와 몇 번만 함께하면 생산자 스스로가 할 수 있게 된다.

물론 현장에 가서 할 수 없는 제품들도 있다. 공장에서 생산되어 박스로 포장된 제품들은 생산 공장에 가서 하는 것이 큰 의미가 없다. 패션의류를 봉제 공장에 가서 촬영하지는 않는다.

딸기를 생산하는 대표님을 만나 짧게 소개하듯 라이브를 진행해본 적이 있다. 그러면서 라이브커머스를 스스로 진행하시기를 추천드렸다. 농민사관학교 같은 곳에서 유튜브나 영상에 관련된 교육도 받고 시도도 해봤지만 어색하다고 하셨다. 반대로 내가 딸기 농사를 지으면 수확을 하나도 못할 텐데, 영상 하나 찍는 것이 무엇이라고 어색해할 이유가 없다.

전국의 특산물 축제가 올 한 해 코로나19로 인해 열리지 못하면서 농어민들의 피해가 엄청나다. 이것을 해결할 수 있는 방법은 현재까지는 라이브커머스가 최선이다. 홈쇼핑은 준비과정이 복잡하고 비용이 많이 들어가며 장소와 시간이 정해져 있지만, 라이브커머스는 인터넷이 연결되는 곳이면 언제 어디든 가능하고 즉석에서도 할 수도 있다.

라이브커머스는 진행되기 최소 3~4일 전부터 SNS로 홍보하고 시간을 정해서 라이브 방송을 한다. 만약 연예인이나 인플루언서가 자신의 상품을 판매한다면 그보다 좋은 것은 없겠지만 일반농가나 중소기업에서는 쉽지 않고, 소비자도 결국 광고료를 부담하게 된다. 라이브커머스 진행에 정답은 없다.

자신이 할 수 있는 만큼 말하고 상품 구성을 설명하면 된다. 주문을 어떻게 받을지 스스로 준비해야 한다. 홈쇼핑처럼 전화로 주문을 받을 것인지, 댓글로 주문받을 것인지 혼자서 해야 할 일이 많다. 그래서 2~3명이 함께하면 댓글을 정리해주고 주문도 받을 수 있어 진행에 여유가 생긴다.

홈쇼핑에서의 실수는 방송사고로 보이기 쉽다. 라이브커머스 진행의 실수는 자연스럽게 넘길 수 있어야 한다. 여러 명과 채팅을 한다는 느낌으로 하면 된다. 소비자들의 관심은 상품에 있다. 상품의 가성비에 관심이 있지, 제품을 소개하는 진행자에게 관심을 많이 가지지는 않는다. 다만, 상품 설명을 소비자가 원하는 대로 해준다면 그보다 좋은 것은 없다.

홈쇼핑처럼 카메라를 의식할 필요가 없고, 발음이 좋지 않아도 시청자들이 그리 신경 쓰지 않는다. 구독자가 많은 유튜버 중에 말하기와 거리가 먼 사람들이 있다. 하지만 엄청난 구독자가 모여드는 것은 그 사람의 진정성 때문이다. 라이브커머스 진행자가 되기 위해서는 제일 먼저 자신의 진정성을 자연스럽게 보여줄 수 있어야 한다.

지금의 라이브커머스 진행은 홈쇼핑을 밖으로 나와서 진행하는 것과 큰 차이가 없다. 기존에 없던 방식이고 중국의 영향도 받았기 때문에 그것이 전부인 듯 생각할 수도 있다. 하지만 라이브에 정석을 만들면 성장에 걸림돌이 될 수 있다. 지금은 홈쇼핑의 진행 기법을 많이 응용하지만, 시간이 지나면 라이브커머스만의 진행 방식이 새롭게 만들어질 것이다.

홈쇼핑은 방송위원회에서 심사를 한다. 그래서 공영방송에서 사용하는 언어와 문구를 사용해야 한다. 라이브커머스 진행은 사투리나 신조어 같은 경우도 문제가 되지 않는다.

TV홈쇼핑으로 제품을 판매할 때 판매량은 증대된다. 하지만 판매가격과 진행비의 규모를 따져보면 결코 만만하게 생각할 수는 없다. 생방송으로 많은 비용을 들여 쇼호스트의 리드로 진행이 되고 판매량이 증가하면서 브랜드의 이미지를 심어줄 수 있어야 한다.

홈쇼핑은 최소 3회 정도는 진행해야 이슈가 된다고 한다. 3회를 진행하는 동안 지출되는 비용은 엄청날 것이다. 홈쇼핑은 방송과 같다고 할 수 있다. 방송위원회의 심의를 받기 때문에 시나리오상 방송에 적합하지 않은 내용을 잘 살펴야 한다. 이런 면에서 본다면 쇼호스트는 아나운서에 가깝다고 할 수 있다. 잘 갖추어진 단정한 이미지를 연상하게 된다.

반면 라이브커머스는 프리스타일 래퍼처럼 자유롭게 자신의 끼를 마음껏 표현하거나 자제할 수도 있다. 사람은 누구나 잠재능력을 가지고 있다. 그것을 어떻게 찾아내느냐가 중요한데, 아직 자신의 잠재능력을 찾지 못한 사람은 라이브커머스 진행을 해보면 쉽게 찾을 것이다.

나는 라이브커머스 진행자 과정에 초보자들과 함께할 생각이다. 함께 부딪히고 헤쳐나가면서 라이브커머스 진행자의 순수함을 가질 수 있는 사람들을 코치할 계획이다. 온라인에서 실습할 때는 대형 유통업체를 통해 상품도 소싱해주고, 그 단계가 지나면 현장에 동행해서 실습할 수 있는 기회를 만들어 새롭게 개척할 수 있는 방법을 알려줄 계획이다.

방송을 주로 하는 MC가 있고 현장에서 진행하는 MC가 있듯이 틀림없이 구분은 될 것이다. 라이브커머스 쇼호스트와 라이브커머스 진행자의 구분은 있을지 모르겠으나, 활동 영역과 스타일은 분명히 다르게 느껴질 것이다.

3장

라이브커머스는 이렇게 준비하라

결코 넘어지지 않는 것이 아니라

넘어질 때마다 일어서는 것,

거기에 삶의 가장 큰 영광이 존재한다.

– 넬슨 만델라

직접 사용해본 제품으로 시작하라

우리는 자신이 경험하지 않은 것을 할 때 어색함을 느낀다. 새로 구입한 구두를 신을 때, 새집으로 이사할 때도 낯설고 어색하다. 라이브커머스 진행자는 물건을 파는 사람이기 이전에 설명을 하고 상품의 특징을 전달하는 사람이라 할 수 있다. 홈쇼핑은 자신이 사용해보지 않고 먹어보지 않은 제품을 판매하는 경우가 많다면, 라이브커머스는 경험한 후에 진행을 하는 것이 소비자들에게 자연스럽게 보인다.

얼마 전 농촌에서 라이브커머스 진행을 하였다. 다양한 제품들이 진열되었고 나는 사과를 먼저 추천했다. 사실 그 사과를 시식도 해보지 않았고 잘라보지도 않았다. 사과를 자르면 안에 꿀이 있을 것이라고 말하고 사과를 반으로 잘랐다. 그런데 흔히 우리가 말하는 꿀처럼 엉킨 부분은 없었다. 이것이 홈쇼핑이었다면 방송 사고라고 할 수 있다.

하지만 나는 '꿀이 없네!'라고 말하고 한 번 더 잘라서 맛을 보았다. 당도와 식감이 아주 뛰어났다. 그리고 바로 그 지역 사과의 특징을 물어보았다. 다른 지역과 비교되는 특징들이 있었고 내가 직접 먹어본 느낌 그대로를 말하였기 때문에 소비자들에게 설명이 잘 전달될 수 있었다.

만약 사과를 잘랐을 때 꿀이 있었다면 당연히 놀라는 표정과 함께 카메라에 사과를 들이밀고 자랑하였을 것이다. 그랬다면 소비자들은 어떻게 느꼈을까?

라이브커머스를 진행할 때는 너무 형식적인 말은 하지 말아야 한다. 일반인들이 진행하는 라이브커머스에는 연예인이나 인플루언서가 진행할 때와는 다른 장점이 있다. 과하게 꾸미지 않는 리액션과 조금은 어색하지만 진실한 느낌이 있다. 잘 아는 제품을 설명하고 판매한다면, 평소 말하기에 부담을 느끼는 사람이라도 편하게 말하면서 라이브커머스 진행을 할 수 있다.

기업에서는 어떤 스타일의 라이브커머스 진행자를 원하는지 들을 기회가 있었다. 제품을 공급하는 기업에서는 완전히 숙달된 쇼호스트보다 조금 부족하더라도 자신들의 제품을 편하게 사용하는 모습을 원하고 있었다.

요즘은 드라마에서도 제품을 소품으로 활용하고 브랜드를 노출시켜 광고한다. 새로운 마케팅이라고 할 수 있다. 기업에서 제품 판매를 위해 많은 회의와 전략을 세우고 고민한다. 우리가 생각하는 것보다 훨씬 많이 고민하고 있을 것이다. 기업에서 요구하는 어려운 상황도 진행자는 어떻게 실행할지 연구해보아야 한다. 그들이 우리보다 더 많은 연구와 회의를 거쳐 만들어낸 것이기 때문에 실행만 된다면 결과는 긍정적일 것이다.

간접 광고

상품 광고의 일종으로 소비자들의 직접적인 반응을 꾀하지 않고 영화, 드라마 등에 상품이나 브랜드 등을 적절하게 배치함으로써 홍보 효과를 노리는 마케팅 기법을 의미한다. PPL(Product PLacement)은 원래 영화나 드라마를 제작할 때 소품 담당자가 영화에 사용할 소품들을 배치하는 업무를 뜻하던 용어였으나, 간접 광고 중 가장 오래되고 자주 사용되는 까닭에 간접 광고와 동의어로 혼용되고 있다.

최초의 PPL은 1945년 미국 워너 브라더스(Warner Brothers)의 영화 〈밀드레드 피어스(Mildred Pierce)〉에서 보여준 버번 위스키(Bourbon Whiskey)로 알려지고 있으며, 1982년 스티븐 스필버그 감독의 영화 〈E.T.〉

에서 나타난 허쉬(The Hershey Company)의 리세스 피세스(Reese's Pieces) PPL은 영화 개봉 후 전년도 대비 65%의 판매량 상승으로 이어져 가장 성공적인 사례로 손꼽히고 있다.[8)]

라이브커머스 관련업체에서 진행을 하는 절차는 대부분 비슷하다. 먼저 업체와 담당자의 미팅을 통해 업체는 제품의 샘플을 제공한다. 제공된 제품의 샘플은 MD테스트를 거친다. 만약 인플루언서를 섭외하였다면, 샘플이 인플루언서에게 전달되어 인플루언서가 테스트를 하고 진행 날짜를 확정하는 순서로 이루어진다. 전문 업체에 의뢰했을 경우 일반적인 과정이다.

제품의 샘플을 받아서 테스트하고 진행자가 제품을 알고 있다는 것은 대단히 중요한 부분이다. 또한 최소 2회 정도의 리허설은 꼭 해야 한다. 시나리오와 실제 진행되는 것이 맞지 않는 경우를 확인해야 하기 때문이다. 리허설을 통해서 발생할 수 있는 돌발 상황을 미리 예측할 수 있다.

특히 라이브 현장에서는 어떤 상황이라도 위기를 잘 넘겨야 능력 있는 진행자가 될 수 있다. 그러기 위해서는 자신과 상관없

---

8) 박윤진, 〈간접광고(PPL : Product PLacement)〉, 《월간상장》 2007년 8월호, 한국상장회사협의회, 2007

는 제품이라도 관심을 가지고, 싫어하는 음식도 먹어보아야 그 느낌을 설명할 수 있다. 경험해본 이야기를 한다면 자연스럽기 때문이다.

사람들은 눈에 보이는 것을 평가하려는 경향이 있다. 홈쇼핑을 자주 시청한 사람들은 홈쇼핑에서 구매를 유도하는 말이 어떤 것인지 잘 알고 있다. 그 단어들이 특정 상품에만 적용되는 것이 아니라는 것도 알고 있다. 이러한 표현들을 남용하면 양치기 소년이 될 수도 있는 것이다.

일반인이 라이브커머스를 진행할 때에는 자신의 느낌을 표현할 줄 알아야 하고, 경험을 스토리텔링할 줄 알아야 한다. 괜히 쇼호스트를 따라하다가는 큰 실수를 범할 수 있으니 명심해야 한다. 생산자가 직접 진행을 한다거나, 주부나 회사원이 평소 자주 사용하던 상품을 소싱해서 라이브 방송을 한다면 더 자연스럽고 설득력이 있다.

제품 선택의 권한이 진행자에게 없을 때는 미리 어떤 제품인지 파악하고, 샘플을 받지 못한다면 현장에 일찍 가서 꼼꼼히 살펴보는 것이 중요하다. 가전이나 공산품일 경우는 미리 테스트를 해보고 진행하는 것이 좋다.

간혹 리허설에서는 잘 작동되다가 실시간에 작동이 되지 않는 경우가 있는데 그럴 때도 미리 대비해두는 것이 좋다. 항상 라이브는 변수에 바로 대처할 수 있는 마음의 준비를 하고 있어야 하며, 다른 사람이 진행하는 상황도 유심히 지켜볼 필요가 있다.

예를 들어 진행자가 마늘다지기를 설명하면서 본인은 한 번도 사용해본 적이 없고 리허설에서 잠시 배워서 해본 것이 전부인데 실시간에서 작동 미숙으로 시범을 제대로 못 보였다면 그날은 난리가 났다고 보면 된다.

라이브 진행은 이런 모든 상황들이 머릿속에 준비되어 있어야 하며, 리허설에서는 잘되었더라도 라이브에서 안 되는 경우가 있으니 여유 있게 넘겨야 한다. 마늘다지기는 어떻게 작동이 안 되는지를 생각하고, 만약 그럴 때는 어떤 방법으로 넘길까라는 생각을 평소에 연습처럼 해야 한다.

만약 내가 이런 상황이라면 설명할 때부터 '손쉽게 마늘을 다질 수 있는 제품이 있습니다. 오늘 처음 사용해보는데, 잘되면 제품이 좋은 것이고 안 되면 제 탓입니다'라는 식의 멘트를 툭 던져 놓는다. 그러면 만약 돌발 상황이 발생하더라도 소비자들은 제품보다는 내가 했던 말을 떠올릴 것이다. 아무 말 없이 작동시켰는데 잘되지 않으면 소비자는 제품의 기능을 바로 의심한다.

얼마 전 중고 자동차상사를 하는 친구와 통화하면서 라이브커머스를 하라고 권했었다. 그 분야에서 오랫동안 사업을 한 친구라서 고객들에게 설명을 편하게 할 수 있을 것 같아 시작하라고 했다. 처음에는 못한다고 하다가 왜 가능한지에 대해서 이야기를 했더니 해보겠다고 하였다.

라이브커머스로 팔지 못하는 것은 없다. 세상의 모든 것은 필요에 의해서 만들어졌고, 누군가는 필요로 하기 때문에 우리는 팔아야 한다. 그 제품이 자신이 가장 잘 아는 것이라면 소비자의 질문에 더 명확하게 답해줄 수 있다.

중고 자동차상사의 인식이 일반인들에게 좋지만은 않다. 그래서 모든 것을 받아들이고 영상으로 고객과 소통하면서 풀어나

가야 한다고 했다.

나는 해외에 중장비를 경매로 수출한 경험이 있다. 처음 섭외가 들어왔을 때 할 수 없다고 했다. 해본 적도 없고 외국 사람들한테 영어로 해야 된다는 부담감도 있었다. 하지만 한국 최초라는 것에 마음이 끌려 결국 하게 되었다.

시작이 조금 망설여지는 것은 누구나 마찬가지다. 모르면 배우면 되고, 시작해서 재미있으면 재능이 있는 것이니 그 잠재능력을 발휘해서 그 분야 최고가 되겠다고 덤벼들면 실력은 당연히 좋아질 수밖에 없다. 맹자께서도 '하지 않는 것이지, 하지 못하는 것이 아니다(不爲也 非不能也)'라고 말씀하셨다.

라이브커머스가 우리나라에서는 이제 시작이다. 그래서 어떤 물건이라도 도전해볼 필요가 있다. 친구가 시작하지 않는다면 직접 친구를 데리고 중고차 라이브커머스 진행을 해보아야겠다. 경험한 모든 것이 라이브커머스 진행에서는 시나리오가 될 수 있다.

반드시 라이브커머스를 진행하기 전에 경험해보고 시작할 것을 권한다.

완벽해 보이려 하지 마라

예전과 달리 소비자들의 눈높이는 전문가 수준이다. 더구나 제품을 구매해서 사용해본 고객이라면 장점뿐 아니라 단점도 파악하고 있을 것이다.

어떤 제품을 구매하고 사용법을 잘 몰라서 방송을 볼 수도 있고, 제품의 단점을 지적하는 사람, 장점을 칭찬하는 사람 등 다양한 반응이 라이브커머스 진행 중에 댓글로 노출될 수 있다. 소비자의 칭찬이 댓글로 나타나면 감사를 표현하면 되고, 이미 구매한 후 사용법을 묻거나 단점을 지적하는 댓글이 올라오면 짧게 답하고 전화 연결로 유도하는 것이 좋은 방법이다. 라이브로 진행되는 경우 진행자가 임의로 자신의 지식을 전달하는 것도 한 방편이다.

'괜찮겠지'라는 생각으로 응대했다가 문제가 발생하는 경우도 있다. 특히 라이브커머스 진행은 소비자와 댓글로 소통하기 때문에 소비자의 의도와 자신이 이해하는 것이 다르게 전달될 수도 있다. 명확하지 않은 대답은 잠시 뒤로 미루는 것이 좋다.

라이브커머스 진행을 혼자서 하면 전문가 수준이 아닐 때는 실수할 확률이 높다. 처음에는 2~3명이 함께 진행하는 것도 좋은 방법이다. 혹시 잘못된 정보를 말했다면 옆에서 수정도 해주고, 댓글이 많을 경우 정리도 하면서 진행해야 한다. 방송 참여자가 많지 않을 때는 혼자서 충분히 가능하고 시간적 여유도 많겠지만, 몇백 단위가 되면 일일이 응대할 수 없다.

홈쇼핑은 정보를 소비자에게 전달만 하지만, 라이브커머스 방송은 소비자와의 양방향 소통이다. 그래서 소비자가 댓글로 질문을 남겼는데 진행자가 지나쳐버리고 반응이 없으면, 질문한 소비자의 입장은 좋지 않을 것이다. 참가자가 많을 때는 댓글을 지나칠 수 있다는 말도 틈틈이 하는 것이 좋다.

또한 질문만 많이 하고 퇴장하는 사람도 있는데, 크게 신경 쓰지 않아도 되고 필요한 답변만 하면 된다. 다만 라이브커머스 진행에서는 한 사람의 질문일지라도 그와 같은 내용으로 궁금해 하는 사람이 여럿 있을 수 있기 때문에 질문의 내용을 잘 파악해야 한다.

라이브커머스에 정답은 없다. 하지 말아야 할 것만 체크한다면 누구나 할 수 있는 것이다.

중국에서는 왕홍이라 하고 우리나라에서는 인플루언서라고 부르는 능력자들은 기업의 광고와 제품 판매량 측면에서는 어마어마할 수밖에 없다. 하지만 그만큼 비용이 지급되어야 하기 때문에 나는 마이크로 인플루언서나 생산자가 직접 진행하기를 권하고 싶다.

누구나 카메라 앞에 서면 평소와 다른 표정과 말투, 행동을 하려고 한다. 그렇게 할 이유도 없고 또 그렇게 하면 안 된다는 것을 지금부터 말하겠다.

나는 라이브 현장에서 평생 MC를 하였기 때문에 방송용 카메라가 상당히 어색했었다. 불과 약 15년 전만 하더라도 현장에 방송 카메라가 설치되는 경우는 큰 축제 외에는 없었다. 그런데 이제는 미디어의 발달 덕분에 영상이 없으면 허전함을 느낄 정도고 화질도 좋아야 한다. 라이브 진행을 하던 사람들은 카메라를 의식하지 않을 때는 괜찮다가도 카메라와 마주치면 어색해진다.

나는 이것을 없애기 위해서 자신만을 위한 방송국 유튜브에서 하루하루 연습하였다. 어떤 사람은 어색한 영상을 삭제하는데 나는 그냥 둔다. 모든 것이 경험이고 추억이다. 이런 자료들이 없으면 가식이고 거짓이다. 완벽한 자신의 모습만을 보여주려고 한다면, 자신이 실수하였을 때 누군가 자신을 보고 있다고 의식할 것이다.

자신의 모습이 어색해서 하는 편집보다 내용의 구성을 위한 편집이 되어야 한다. 나는 사실 편집이 귀찮아서 파워포인트로 자료를 만들고 OBS 프로그램으로 바로 실시간을 한다. 그냥 하다 보면 잘하지는 못해도 자기 스타일을 찾아가게 되고 카메라를 어색해하지 않는다.

직업적으로 방송을 했던 사람들은 현장에 오면 카메라부터 찾는다. 카메라를 보던 습관이 있어 앞에 카메라를 어색해하는 상황과는 반대되는 경우이다.

'완벽해지려 하지 마라'라는 말이 준비를 대충하라는 뜻은 아니다. 철저히 제품에 대해서 공부하고 정보를 확인한 다음, 방송

중에 자신이 놓친 부분이 있더라도 인정하라는 것이다.

모르면서 아는 척하는 것은 문제가 발생한다. 가끔 알면서도 모르는 척하는 것은 다른 사람들에게 인간미를 느끼게 할 수 있다. 라이브커머스 진행에서 어떤 것이 더 필요한지 생각해볼 필요가 있다.

대중 앞에 서려는 사람들은 누구나 완벽을 추구하려 한다. 그러다보면 힘이 들어가고 실수하게 된다. 화질이 좋은 카메라는 모든 것을 시청자들에게 전달한다. 백 명이 지켜보는 것보다 카메라 한 대가 우리의 실수를 더 잘 잡아낸다. 그래서 우리는 언제든지 자신의 의지와 상관없이 우리의 모습이 상대에게 비춰질 수 있기 때문에 자연스러운 것이 우선이다.

유튜브를 하지 못하는 사람들의 대부분은 촬영이나 편집을 배운 다음에 유튜브를 하겠다고 말한다. 본인들은 아니라고 하지만 이것은 완벽하게 보이기 위한 마음이 있기 때문이다. 완벽하게 잘하는 것을 뭐라고 하는 것이 아니다. 누구나 완벽하면 제일 좋겠지만, 그렇지 않다는 것을 인정하는 순간부터는 자기 나름대로의 방식을 만들어낼 수 있다. 내가 항상 강조하는 것은 자기 스타일 찾기다. 이것은 완벽의 틀에서 벗어나야 가능한 일이다. 그냥 하면 된다!

라이브커머스 진행을 연습하기 좋은 곳은 인스타그램 라이브, 페이스북 라이브가 있고 밴드에서도 라이브 진행을 할 수 있다. 나는 주로 유튜브를 이용한다.

인스타그램이나 페이스북으로 처음 라이브를 켜면 등록된 친구들이 '뭔데!'라는 반응을 보인다. 그러면 일반인들은 어색하고 민망해서 다시 도전하기가 부담스러워진다. 하지만 유튜브는 사람들에게 동영상 플랫폼으로 익숙하기 때문에 크게 의식하지 않는다. 그래서 매일 연습 삼아 영상을 촬영해도 된다. 또한 구독하지 않은 친구들에게 노출될 일이 없어서 전혀 부담을 가질 필요도 없다.

나는 3개의 채널을 갖고 있는데 이것도 연습 삼아 콘텐츠를 다르게 해서 운영 중이다. 말 한마디 하지 않는 채널에 구독자가 늘어나는 것을 보면, 유튜브는 정말 신기하고 알 수 없는 플랫폼이다. 구글에서 누구에게나 주는 무료 방송국을 방치하지 말고, 연습의 장으로 삼아 열심히 연습하는 것이 라이브커머스 진행에 많은 도움이 된다.

유튜브로 연습하면서 느낀 점은 시간이 지날수록 촬영할 때 몸에 힘을 빼는 요령이 생긴다는 것이다. TV에 오랜만에 출연하는 연예인들도 어색해보이듯이, 비록 스마트폰이지만 자신의 모습을 계속 노출시키는 것이 최선의 방법이라 생각한다.

쇼호스트는 카메라 테스트도 받고 말하기 수업과 이미지 트레이닝도 받는다. 하지만 일반인은 그런 것을 참고만 할 뿐, 그대로 따라 하기에는 무리가 따른다.

내가 처음 유튜브 영상을 촬영했을 때 카메라도 아닌 스마트폰의 렌즈를 보고 있으려니, 남들은 4K카메라를 구입해서 한다는데 나도 구입할지 고민한 적이 있었다. 하지만 그 시간을 잘 참고 넘긴 것 같다. 좋은 카메라를 구입해서 촬영해도 어색하기는 마찬가지고, 차라리 스마트폰의 셀프 모드로 자신을 모니터하면서 표정과 동작 연습을 하는 것이 더 좋다는 생각을 했다.

처음 연습을 할 때에는 먼저 스마트폰으로 촬영하고 자신의 모습을 모니터하는 것이 중요하다. 사람들은 자신이 어떻게 보이는지 직접 보기 전에는 아무도 모른다. 오랜 기간 방송을 한 아나운서도 자신의 목소리를 어색해하듯이 자신을 먼저 알아야 한다.

평소 말을 하면서 얼마나 꾸미는지, 어떤 점을 수정할지 많이 촬영하면 할수록 더 빨리 수정이 되고, 자신을 알고 나면 부족한 부분을 숨기려 하지 않고 있는 그대로를 보여줄 수 있는 마인드가 생겨난다.

세상에 완벽한 사람은 없다는 사실을 우리는 다 알고 있다. 다만 자신이 부족한 면이 있다면 인정하고 노력해서 성장하면 되는 것이다. 라이브커머스는 소비자들에게 신뢰를 주는 것이 기본이 되어야 한다.

보이는 것이 아니라 느낄 수 있게 하라

최근 급부상하고 있는 우리나라의 라이브커머스 시장은 중국의 왕홍들이 진행하는 방식과 조금 다르다. 중국의 왕홍은 우리나라의 인플루언서와는 팔로워의 규모부터 다르다. 그래서 그들이 한번 노출시키는 상품은 얼마 지나지 않아 매진되고 판매량도 어마어마하다. 우리는 구독자나 팔로워가 몇십만이면 많다고 하지만 왕홍들은 몇백만의 팔로워를 이끌고 있다. 시장의 규모가 다르다는 것은 인정해야 한다.

현재 한국에서 진행되는 라이브커머스는 TV홈쇼핑의 쇼호스트들이 많이 진출해 있다. 그래서 라이브 쇼호스트의 진행으로 볼 수 있다. 라이브는 친근감과 신뢰감이 전달되어야 한다.

언제 어디서나 스마트폰을 열고 생산자와 협의만 된다면 판매할 수 있는 것이 라이브커머스다. 여행을 하던 인플루언서가 과수원을 지나다가 먹음직스러운 사과를 보고 과수원 주인과 대화하던 중 스마트폰을 통해 구독자들에게 추천함으로써 판매가 이루어질 수 있는 것이다. 이를 응용해서 계획을 짜고 진행하면 라이브커머스가 되는 것이다.

좀 더 나아가 기획을 하고 연출을 한다면 매출은 더 많이 오르겠지만, 인플루언서나 셀럽이 꾸준히 진행한다면 생산자들은 지출비용에 대한 부담이 늘어날 것이다. 그래서 라이브커머스의 제일 좋은 방향은 생산자가 직접 진행하는 것이다.

언변이 좋은 사람들은 바로 시작할 수 있겠지만, 어색하더라도 코치를 통해서 하나씩 고쳐나가는 것이 좋은 방법이다. 라이브커머스는 생산자 직거래의 일환인 동시에 소비자에게 직관적인 동영상과 소통을 통해 공격적 마케팅의 역할을 할 수 있다.

일반인이 라이브커머스를 진행하기 위해서는 SNS를 통하여 소비자들에게 어떤 제품을 언제 할 것인지 지속적으로 알려야 할 것이다. 처음에는 몇 안 되는 소비자가 관심을 보이더라도 그 시장을 조금씩 넓혀가는 것이 과제이고, 그렇게 만들어진 단골 고객들은 어느 순간이 되면 새로운 커뮤니티를 형성할 것이다.

실제로 라이브커머스를 진행한 후 개인채널과 SNS 친구신청을 받은 경우도 있다. 매주 일정한 시간에 라이브커머스를 진행하면 고정 고객이 생겨난다. 그다음 할 일은 더 좋은 상품을 찾아서 소비자들에게 공급하는 것이다.

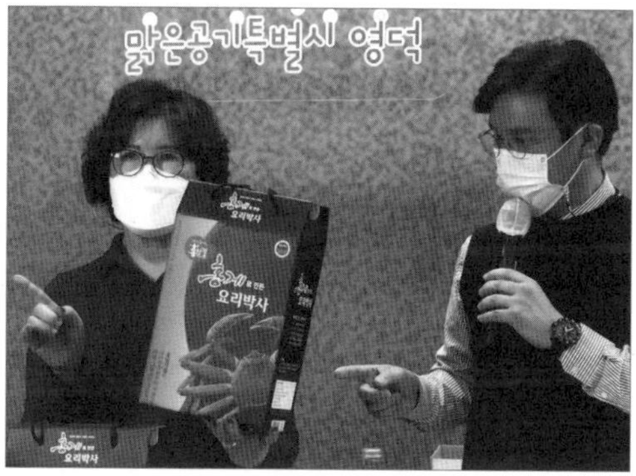

생산자는 자신이 생산하는 상품을 선별해서 착한 가격으로 판매하면 되지만, 좋은 상품을 소싱해서 라이브로 판매할 경우에는 완전 특가 정책을 활용해야 한다.

모두가 생산자는 아니기 때문에 일반인들이 라이브커머스로 사업을 하겠다고 하면 좋은 제품을 저렴하게 공급받을 방법도 생각해야 한다. 무조건 제품의 가격이 저렴하다고 좋은 것이 아니라, 경영자들처럼 제품의 가치를 소비자가 느낄 수 있게 해야 한다.

샤오미에서 처음에 아주 저렴한 가격으로 제품을 내놓았을 때, 사람들은 편견을 가지고 저급한 제품이라고 했다. 하지만 몇몇 사람들은 싼 가격에 구입해서 대충 쓰다가 버리겠다는 마음으로 구입하고 사용했다. 그런데 성능에도 문제가 없으니 이제는 사람들이 대륙의 실수라고 한다.

싼 가격에 성능 괜찮은 제품을 가성비가 좋다고 한다. 샤오미는 가성비의 대명사처럼 되어버렸다. 대부분의 공산품들이 가격경쟁에 살아남기 위해서 중국산 제품으로 생산하고 있다. 우리나라뿐만 아니라 세계유명 관광지에 가서 기념품을 구입해도 스티커는 made in China다. 몇 해 전 뉴욕에 갔다가 자유의 여신상 기념품을 구입했는데 마찬가지였다. 하지만 그 기념품은 내 거실 장식장에 잘 정리되어 있고, 볼 때마다 뉴욕의 추억을 떠올리게 한다.

구입할 때는 분명 중국산인 것을 알고 구입했지만, 그 제품이 상징하는 것은 뉴욕이었다. 여기서 말하고 싶은 것은 우리가 판매하고자 하는 제품이 무엇이든, 소비자가 어떤 특별한 느낌을 받을 수 있도록 해야 한다는 것이다. 그런 역할을 스토리텔링으로 풀어내야 한다.

팔로워가 많은 사람들이 라이브커머스를 진행하는 경우도 있지만, 라이브커머스 진행을 하면서 팔로워나 구독자가 늘어나는 경우도 있다. 그것은 소비자들에게 만족감을 주고 소통을 하였을 때 가능한 일이다.

라이브커머스 진행자는 제품이 있는 곳 어디에서든 판매를 할 수 있어야 한다. 그리고 라이브커머스 진행자는 모든 것을 보고 느끼는 감각이 뛰어나야 한다. 자신이 추천하는 제품을 소비자들이 믿고 구매한다는 사실을 생각하면 진행 능력뿐만 아니라 책임의식도 함께 가져야 한다.

나는 오랜 기간 자유로운 활동을 하면서도 유통에 관심을 가져본 적이 없었다. 라이브커머스를 진행하고 이렇게 책을 쓰면서 유통에 관심이 생겨 직접 스마트스토어를 배웠다. 사람은 누구나 관심이 없으면 자신과 상관없다고 생각하거나 알려고 하지 않는다.

하지만 나의 직업은 모든 분야에 관심을 가져야 하고, 경험하는 모든 것들이 주제가 되고 이야기로 만들어진다. 오랜 시간 무대에서 만난 사람들이 헤아릴 수 없을 만큼 많았기 때문에 지금은 처음 만나는 사람도 느낌으로 알 수 있다. 특히 대화를 해보면 그 사람의 마음과 생각까지도 알 수 있다.

만약 라이브커머스 진행자가 되고 싶다면 지금부터라도 세상을 보는 고정관념에서 벗어나야 한다. 사람들이 가진 편견과 선입견은 그 사람의 생각을 흐리게 하고 긍정보다는 부정적 에너지를 만들어낸다.

사람들은 제품의 가격이 싸게 나오면 그 제품이 문제가 있지는 않은지 의심하고, 설명을 듣는 동안 분석하기 시작한다. 만약 명품을 특가로 판매하면 묻지도 따지지도 않고 줄을 선다. 하지만 좋은 제품을 특가로 구입해서 사용해본 사람들은 시간이 지나면서 신뢰가 쌓이고 그 사람이 추천하는 제품을 믿고 구입하게 된다.

오프라인에서는 소비자가 직접 구분을 하지만 온라인에서는 궁금해 할 수밖에 없고, 그것을 잘 설명해주는 것이 라이브커머스 진행자나 생산자의 역할이다. 라이브커머스는 신뢰가 핵심이다.

전문가의 마인드를 가져라

잠시 전문가와 비전문가에 대하여 이야기해보자. 처음 마이크를 잡았을 때 나는 전문가라는 마음으로 진행을 하였다. 그 당시 더 오래 했던 선배들의 눈에는 어설프게 보일 수도 있었겠지만, 스스로는 단 한 순간도 비전문가라는 생각을 해본 적이 없었다.

한 분야에 전문가가 되기 위해서는 제일 먼저 내면을 잘 다져야 한다. 자격지심이라는 말이 있다. 이것은 자신의 마음이 흔들릴 때 생기는 것이다. 남의 눈을 의식하지 않고 자신의 생각대로 밀어붙이는 사람은 자격지심에는 관심조차 없다.

사람들은 이것을 자존감이 높다고 말한다. 지금 생각해보면 그때 나는 누구의 눈치도 보지 않았고 내면에는 자신감이 가득했던 것 같다. 자기계발을 하다보면 많이 듣는 단어가 자존감이다. 자존감은 잦은 실패로 무언가에 도전하기 두렵고 자신감이 줄어들 때 어느 한순간 무너진다. 한번 무너진 자존감을 다시 일으켜 세우기는 쉽지 않다. 하지만 내면이 강한 사람은 자존감이 쉽게 무너지지도 않고, 만약 문제가 생기더라도 다시 자기 자리를 잘 찾아간다.

나는 잘하는 것이 없었기 때문에 어떤 일을 하고 나서 사고만 치지 않으면 성공적이었다. 어떻게 생각하면 한심하지만, 아무것도 없는 것에서 하나씩 얻는 기분으로 그 시절을 보냈다. 누군가에게 상처받고 말고 할 마음이라는 것도 없었고, 그 누군가조차도 존재하지 않았다. 그렇게 20대를 보내며 스스로 얻은 능력들과 자신감은 시간이 지날수록 더욱 강해졌다. 그때 만약 마음이 강하지 않았다면 주변의 환경에 흔들려 쉽게 포기했을 것이다.

전문가의 마인드를 가지기 위해서는 그에 맞는 외적 이미지도 갖추어야 한다. 우리는 모든 사물을 시각으로 먼저 판단한다. 좋은 것을 보면 기분이 좋고 사고 싶은 마음이 생기는 것은 그래서 당연한 것이다. 대중 앞에서 말을 많이 해본 경험이 없는 사람들은 아무리 꾸며도 티가 난다. 일반적으로 MC들이 처음 가는 곳이라도 담당자들은 MC를 알아보고 먼저 말을 걸어온다. 딱 봐도 그 사람이다 싶어야 전문가처럼 보였다고 할 수 있다.

여기서 멈추면 상대에게 크게 실망을 안겨줄 수 있으니 끝없는 도전과 학습이 필요하다. 세상에 하지 못하는 것은 없고, 되지 않는 것도 없다는 정신으로 될 때까지 하면 된다.

라이브커머스 진행자는 쉽게 두 가지로 설명할 수 있다. TV홈쇼핑 쇼호스트는 상품을 잘 설명하고 판매하는 강점이 있다. 반면 라이브 현장의 변수에 대응하는 능력은 현장에서 MC를 보는 사람들이 뛰어나다고 할 수 있다. 그래서 라이브커머스 진행은 쇼호스트의 장점과 라이브 MC들의 장점을 아우를 수 있다면 아주 좋은 그림이 그려질 것이다.

이것은 전문적인 라이브커머스 진행자의 예시이고, 일반인들은 어떻게 해야 할까? 당연히 있는 그대로를 보여주는 것이 최선의 방법이다. 쇼호스트처럼 해서도 안 되고 MC처럼 해서도 안 된다. 새로운 하나의 콘텐츠를 만든다는 생각으로 그냥 즐거운 마음이면 된다. 새로운 것에 도전할 때는 기쁨과 즐거움이 생기고, 그것은 구매자들에게 만족감으로 돌아간다.

라이브커머스가 트렌드가 된 데에는 코로나19의 영향도 크다고 할 수 있다. 온라인과 e-커머스의 발달로 라이브커머스가 만들어졌지만 코로나19로 자동 유입된 라이브커머스 소비자들이 많다. 라이브커머스가 단순 정보제공이나 특가만을 내세우는 것보다 재미도 함께 줄 수 있다면 완벽하다고 할 수 있다.

한국형 라이브커머스는 성장 속도가 빨라서 제품 구매에서 결제와 배송을 한꺼번에 처리할 수 있고, 단순 상거래를 넘어 지속적 관계가 유지될 수 있는 시스템으로 구축될 것이다.

라이브커머스에서는 판매자가 소비자와의 소통을 통해 신뢰를 형성하고, 그것은 곧 구매 욕구 증가로 연결된다. 지금은 온라인이라는 큰 틀 안에서 이루어지는 상거래가 향후 마케팅의 수단으로 활용될 수도 있다.

상품을 판매하려고 하지 마라

라이브커머스 또는 온라인커머스라고 부르는 것이 어색하지 않게 들리기 시작했다. 그만큼 사람들이 많이 언급하고 있으므로 라이브커머스는 계속 급상승할 것이다.

라이브커머스의 방법과 목적은 정해져 있다. 판매자 입장에서는 비대면 판매를 할 수 있고 오프라인 매장과 물류의 부담을 줄일 수도 있다. 소비자는 안전한 구매가 가능하고, 오프라인에서 구입하듯 상세하게 따져서 구입할 수 있으며, 무엇보다 라이브 방송 시간에 특가라는 혜택을 누릴 수 있다. 단순하게 생각하면 이 정도로 말할 수 있겠고, 더 많은 경제적 측면에서 라이브커머스 진행의 특징들이 많을 것이다.

라이브커머스 진행을 함에 있어 준비 단계에서 시작과 판매

그리고 판매 후 관리와 다음 준비까지 과정들이 많다. 무엇보다 소비자와 소통해야 하기 때문에 진행자 혼자서 모든 것을 하기에는 무리가 따른다. 일반적으로 라이브커머스를 진행할 때 세 명의 최소 인원이 함께한다. 카메라, 댓글 관리, 상품관리, 진행 등을 혼자 하기는 역부족이다.

유튜브와 마찬가지로 혼자서 할 수 있는 시스템은 Vlog 촬영처럼 진행을 할 수도 있다. 하지만 이것은 짧은 시간만 할 것을 권하고 싶다. 중국의 왕홍들은 동대문에 와서 카메라를 켜고 실시간 소통으로 현장에서 주문결제 배송처리까지 한다. 진정 라이브의 맛을 살린 방식이다. 여행을 하다가 괜찮은 상품을 보면 추천할 수도 있고, 촬영하는 그 시간에만 수량을 체크해서 현장에서 판매자와 가격협상을 하고 구매할 수도 있다.

제품을 하나라도 더 판매하기 위해서 장시간 제품소개를 하고, 방송이 끝난 후에도 주문을 받는다면 그것은 홈쇼핑이라 할 수 있다. 나는 방송시간에만 특가를 제시하라고 강조하고 싶다. 결제 방식에 따라 다르겠지만 구매 링크가 될 수 있고 문자접수로도 가능하다.

단, 방송이 끝난 후 시간을 정하고 그 후의 신청은 받지 않는 룰을 정하는 것이 다음 라이브 진행을 위해서도 필요한 규칙이다. 라이브 진행 시간에 주는 혜택이 방송 후에도 지속되면 제품의 시장가격이 무너질 수 있다. 사람들은 원래의 가격이 아니라 특가로 구입한 가격을 생각하기 때문에 오프라인 매장에 정상적으로 판매되는 다른 제품들에도 영향을 줄 수 있다.

예를 들어 A라는 업체가 라이브커머스 진행을 하면서 특가로 여러 제품을 내놓았다면 경쟁사인 B 업체도 따라서 하게 될 것이고, 경쟁이 과열되면 결국 제품가격 하락이라는 역효과를 겪을 것이다.

라이브커머스 진행 시간에 특가로 판매하는 것은 이벤트라 할 수 있다. 제품을 지속적으로 특가 판매하기는 쉽지 않다.

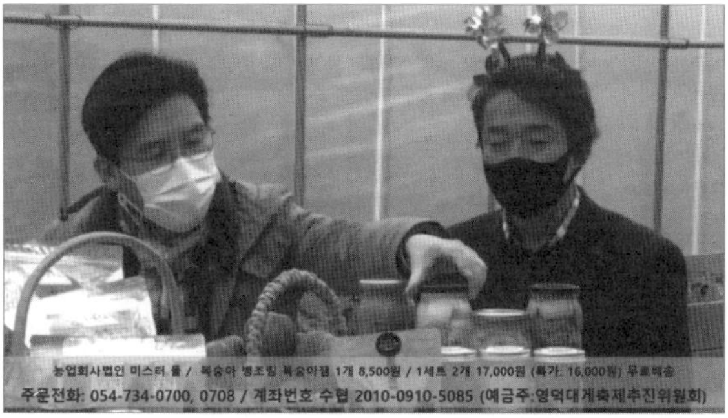

대기업에서 큰 비용을 투자해서 인플루언서와 셀럽에게 진행을 맡겨 상품을 홍보하고 판매하는 것도 물론 라이브커머스다.

하지만 그보다는 라이브커머스 시장에 익숙하지 않던 중소기업과 소상공인 그리고 농어촌의 1차 생산자들이 쉽게 진입할 수 있는 방법을 이야기하고 싶다.

현재 대기업에서는 자사 플랫폼을 만들어 운영하고 있다. 다른 플랫폼들도 입점하기 위해서는 조건이 되어야 하고 수수료도 지급해야 한다.

중소기업과 소상공인들은 한 푼이 아쉬운 형편이다. 더구나 사회적 거리 두기로 경제활동이 위축되어 뭐라도 해야 하는 상황이다. 라이브커머스를 시도하려고 해도 진입장벽이 있어 쉽지 않다. 방법은 플랫폼을 가진 곳에서 중소기업과 소상공인들에게 이용할 기회를 주거나 아니면 누구나 사용할 수 있는 플랫폼으로 도전해보는 방법뿐이다.

인스타그램 라이브, 페이스북 라이브, 유튜브 실시간은 누구나 이용할 수 있다. 특히 인스타그램에서는 공동구매도 많이 이루어지고 있고, 라이브를 하면 다른 라이브커머스 플랫폼에 뒤지지 않는다. 유튜브는 검색이 쉽고 장소에 따라 약간의 버퍼링은 있지만 실시간 방송 후 자동 업로드가 되기 때문에 피드백하기에 좋은 플랫폼이다. 일단 무자본으로 자신이 생산하는 제품을 직거래하기 위해서는 인스타그램, 유튜브를 이용하면 된다.

네이버 쇼핑라이브는 스마트스토어 새싹 등급 이상이 되어야 신청 가능하고 현재 대기 중인 업체가 많이 밀려 있는 것으로 알고 있다. 언젠가는 쇼핑라이브에도 진입을 하겠지만, 부지런하면 SNS 광고를 통해 자신이 운영할 채널로도 충분히 고객을 유입시킬 수 있다.

고객을 모으는 최고의 방법은 최고의 서비스를 제공하는 것이다. 생산지에서 가성비 좋은 상품을 제공하면 소비자는 만족한다. 오프라인에서 마켓을 새롭게 오픈할 때 전단지를 뿌리고 홍보하듯이 온라인에서도 부지런히 홍보를 하고 찾아온 소비자들에게는 최고의 서비스를 제공해야 한다. 라이브커머스는 단순한 방송이 아니다.

라이브 스트리밍을 통해 쇼핑을 즐긴다는 느낌을 가질 수 있게 해야 한다. 온라인의 발달 덕분에 판매자가 설명하지 않아도 소비자들은 대부분의 정보를 이미 알고 있다. 설명은 최대한 간단명료하게, 가격은 인터넷최저가보다 무조건 싸게, 제품의 상태는 최상급으로, 고객응대는 환한 미소로 한다면 많은 고정 고객이 만들어질 것이다.

뻔한 이야기를 하라

라이브커머스에서 제품을 잘 설명하기 위해서는 상품을 장시간 이야기하는 것을 주의해야 한다. 소비자는 상품에 대한 긴 설명을 계속 듣기보다는 궁금한 사항을 질문하고 좋은 가격으로 구입하기를 원한다. 기본적인 내용은 소비자들도 알기 때문에 넘어가고, 간단하게 특징만 몇 가지 이야기하는 것이 좋다.

아무리 상품 설명에 열을 올려도 소비자가 관심을 보이지 않고 반응이 없으면 시작부터 힘들어진다. 소비자와의 소통이 먼저다. 비록 소비자와 판매자가 같은 장소에 있지는 않지만, 상품을 두고 틀림없이 생각을 공유할 수 있다. 관심 분야가 같은 곳으로 향해 있기 때문에 소통은 어렵지 않다. 소통의 주제는 당연히 준비된 상품이다. 누구나 알고 있는 뻔한 이야기를 나눈다면 사랑방처럼 편하게 대화하는 공간이 될 수 있다.

실시간 방송에서 분위기 좋은 곳은 참가자들 간의 대화도 자연스럽게 이루어진다. 대화 내용은 그저 수다 떨기처럼 가벼운 내용들이 많다. 라이브 방송이 모바일을 기반으로 하다 보니 댓글 창에 장문을 쓰는 경우는 잘 없다. 짧은 메시지나 이모티콘으로 자신의 감정과 의사를 표현할 수 있다. 다만 글로 표현할 때는 자신의 의도와 다르게 전달될 수 있다는 사실을 명심해야 한다. 단어 하나, 이모티콘 하나가 엄청난 오해를 살 수 있다.

디지털의 스피드는 매우 빠르다. 쉽게 접하고 빠르게 사라지고 또 다른 것이 생겼다 없어지기를 반복한다. 이런 곳에서 혼자 진지하게 대화하는 것은 큰 의미가 없다. 무겁지 않고 누구나 접근해서 수다를 떨 수 있는 주제로 소비자들이 부담 없이 참여할 수

있도록 분위기를 만드는 것이 라이브커머스 진행자의 몫이다.

2021년 첫 라이브커머스 현장 진행을 딸기 하우스로 다녀왔다. 나는 시골에서 자라서 하우스의 느낌을 잘 안다. 어떤 작물이 자라느냐에 따라 하우스마다 특유의 냄새가 있다. 딸기 하우스는 사탕 향을 가득 품고 있다. 하우스에 맺혀 있는 물방울, 예전과는 다른 재배 방식들, 깨끗한 주변 환경 등 생산자들과 나눌 수 있는 내용들이 엄청나게 많다.

시간이 얼마나 주어지는지에 따라서 말할 내용과 분량을 조절하면 되고, 생산자들이 경쟁적으로 딸기를 설명할 수 있도록 유도하며, 진행 중 3~4회 상품 구성을 설명하면 될 일이었다. 진행을 걱정하지 않았고, 실제로 이날의 라이브커머스도 무척 성공적이었다.

다만 내가 몰랐던 부분도 많다는 사실을 새삼 깨달았다. 삼대를 물려받았다는 그 딸기 농장은 예전보다 체계적이고 과학적인 방법으로 수확량을 늘리고 품질도 향상시키고 있었다. 수확 방식 또한 자동화시스템으로 바꿔서, 시간과 인력을 줄였지만 생산량은 늘어나고 있었다. 딸기 하우스를 잘 안다고 앞서 자부했던 것이 자못 민망해질 정도로, 딸기 농장은 시대의 변화에 빠르게 적응하고 있었다.

게다가 생산자들은 이미 라이브커머스에 대한 교육을 '농업기술센터'에서 경험하였고, 많은 관심을 가지고 있었다. 다만 대부분이 직접 하는 것을 부담스러워했다. 그래서 카메라를 켜고 대화하면서 포장하는 모습을 자연스럽게 촬영하였다. 그리고 가끔 카메라를 바라볼 수 있게 하였다. 시간이 지나면서 카메라를 보는 시선은 스마트폰을 보는 것처럼 자연스러워졌다.

만약 방송용 카메라로 촬영했다면 생산자는 부담을 느꼈을 것이다. 하지만 지금의 라이브커머스는 대중들이 사용하는 스마트폰으로 모든 것이 가능하기 때문에 언제 어디서든 시작할 수 있고, 누구나 할 수 있다.

이날도 연세가 드신 생산자 가운데 한 분께서 카메라를 보시며 예전에 노지에서 생산했던 딸기에 대해서 이야기해주셨다. 그때보다 지금은 농사 짓기도 편하고, 상품도 좋아졌다고 하셨다. 시골에서 자란 나의 추억을 이야기하며 공감할 수 있는 시간이었다. 라이브커머스 방송을 시청하는 소비자들은 댓글로 생산자와 자연스럽게 소통했고, 나처럼 어릴 적 추억을 떠올리기도 했다.

라이브커머스를 진행해보면 상품에 대해서 할 말이 별로 없는 경우가 가끔 있다. 그럴 때는 그 상품과 연관된 것들을 유추해서 스토리를 준비하거나, 그 지역이 아닌 다른 지역의 예를 들어 이야기를 할 수도 있다. 이러한 대화를 통해 라이브커머스가 뜻밖의 전개로 이어지기도 한다.

이날도 그랬다. 딸기밭에서의 일정을 마무리하면서 지역의 특별한 작물을 물어보았다. 제주도의 특산물이던 한라봉이 내륙지방인 경북 고령에서 생산된다는 흥미로운 답을 들었다. 그래서 딸기 하우스를 떠나 한라봉 농장으로 향했다. 제주도에만 있을 줄 알았던 한라봉 농장을 그날 내륙에서 처음으로 만났다. 이처럼 라이브커머스는 계획하지 않고도 현장에서 바로 실행할 수 있는 것이 매력이다.

4장

라이브커머스 체크리스트

시작하기 위해 위대해질 필요는 없지만,

위대해지려면 시작부터 해야 한다.

– 레스 브라운

방송 시스템 체크하기

라이브커머스를 진행하기 위해서 개인의 능력을 쌓는 것도 중요하지만, 제반 여건이 받쳐주지 않으면 진행에 어려움을 겪는다. 특히 원활하지 못한 시스템적 오류의 경우, 현장에서 진행하는 사람은 상황 파악이 되지만 방송을 구독하는 소비자들은 전혀 인지하지 못한다. 그런 상황이 되면 댓글 창은 상품에 대한 질문이 아니라 음성이나 화질에 관련된 문의가 계속 뜬다. 문제가 발생하면 진행자는 집중력이 떨어지고 심적 부담을 느낀다.

농촌 지역의 가공 공장은 주택과 동떨어진 곳들이 많다. 그래서 통신 장애가 간혹 있다. 라이브커머스는 동영상으로 소비자와 소통하기 때문에 화질을 체크해야 한다. 소비자들의 스마트폰 성능에 따라 전송되는 속도와 화질이 달라질 수 있고, 실시간 현장의 상황에 따라 문제가 발생하기도 한다. 그럴 때는 주변 상황을 자세하게 말해주고 양해를 구하는 것이 좋다.

인터넷을 예로 들면 어떤 곳은 용량을 많이 받는 곳이 있고, 그렇지 않은 가정용 인터넷을 사용하는 곳도 있다. 또 어떤 곳은 LTE를 사용하여야 하는 곳이 있다. 인터넷 용량이 약하면 여러 가지 통신 장비를 사용할 때, 특히 채널을 2~3개 운영한다면 버퍼링이 생겨서 방송이 원활하지 못하게 된다.

나는 특산물 생산지에서 라이브 진행을 하는 경우가 많아서 항상 와이파이를 먼저 체크한다. 어쩔 수 없는 농장이나 과수원에서는 LTE를 사용하지만 확실히 차이가 난다. 그래서 그럴 때는 방송시간을 짧게 하면서 상황을 소비자들에게 잘 전달해야 한다.

만약 인터넷 상태가 좋은데도 소비자들이 화질이 나쁘다고 말한다면, 그때는 소비자 스마트폰에서 품질을 설정해야 한다. 우리가 방송을 할 때는 4k 1080p 화질로 촬영을 한다는데 이것은 카메라의 성능이라 카메라만 체크하면 되지만, 영상을 시청하는 사람은 화면에서 설정해야 한다.

방송 시작 전과 진행되는 중에도 가끔씩 안내를 하는 것이 좋다. 대부분 알고는 있지만 잊어버리고 자동 설정된 채로 시청하는 경우가 많다. 설정 품질은 720p를 추천하는데 360p를 추천하는 경우도 있다. 영상 전문가는 아니지만 둘 중에 하나를 선택하면 화질이 선명하게 보인다.

화면보다 더 중요한 것이 음성이다.

영상을 촬영할 때 마이크를 사용하지 않는 경우가 많다. 오프라인에서 마이크 없이 대면으로 소통할 때는 목소리를 좀 더 크게 내면 되지만, 장비를 사용해서 소통할 때는 그것에 맞는 구성을 갖춰야 전달이 정확하게 된다.

예를 들어 스마트폰으로 촬영을 하면 진행자와 스마트폰 사이의 거리가 존재한다. 그 거리가 멀면 멀수록 진행자의 성대에서 나온 소리는 공기를 통해서 또는 현장의 상황에 따라 변형되어 들어간다. 소리가 갑자기 작아진다거나 울림이 심해서 듣기 불편한 경우가 대부분이다. 항상 실시간이 끝난 후 영상과 소리는 꼭 확인해야 한다.

마이크가 없더라도 가까이에서 촬영한다면 저가의 마이크를 사용할 때보다 더 좋은 소리를 녹음할 수도 있다. 하지만 스마트폰 자체 마이크가 작기 때문에 넓은 공간에서는 꼭 마이크를 사용하기를 권장한다.

일반적으로 사용하는 마이크는 소리를 모아서 그 소리를 조절하고 다시 스피커로 내보내는 것까지가 되어야 한다. 그래서 스튜디오에서 촬영을 하거나 축제를 할 때는 영상의 신호를 모으고, 그 신호를 음향 믹서로 전달해서 스피커로 현장에서 듣고, 모바일이나 컴퓨터로도 볼 수 있는 것이다. 방송국에서 이런 시스템으로 프로그램이 만들어진다.

일반적으로 라이브커머스 신행을 할 때는 스마트폰과 지렴힌 마이크 하나면 된다. 스마트폰이나 카메라에 연결되는 마이크는 중저가 마이크로도 충분하다. 마이크를 너무 가까이 사용하거나 멀리 두는 것은 바른 사용법이 아니다.

이렇게 많은 장비들이 연결될 때는 서로 전기적 신호를 주고받기 때문에 노이즈를 꼭 체크해야 한다. '웅~' 하는 노이즈가 생길 수 있는데, 촬영하는 장비에 배터리 충전을 하면서 마이크를 연결했을 때는 시작 전 테스트를 꼭 해보아야 한다.

시스템은 단순하게 영상, 음성, 조명으로 나뉠 수 있다. 그중 조명은 필요할 수도, 그렇지 않을 수도 있다. 조명은 상품과 진행자를 돋보이게 한다. 밝기의 단위가 룩스라서 우리가 사용하는 장비를 룩스패드라고 한다.

같은 장비로 룩스패드를 사용했을 때와 사용하지 않았을 때를 비교해보면 차이가 난다. 화질 좋은 영상에서 선명한 색상까지 느낄 수 있도록 해주는 것이 조명이다. 모든 장비를 갖추고 라이브커머스를 한다는 것은 어렵다. 하지만 기본적인 것만이라도 갖춘다면 장소의 영향을 크게 받지 않고 진행할 수 있다.

라이브커머스 진행은 누구나 할 수 있다. 스마트폰을 켜고, 마이크를 연결하고, 진행자와 상품이 더 선명하게 보이기 위해 룩스패드도 켠다면 준비는 된 것이다.

이제 시스템이 준비되었다면 상품을 체크해야 한다. 먼저 상품의 종류를 파악하고 구성을 잘 체크해서 자연스러운 설명을 할 수 있도록 준비한다. 가끔 상품의 가격을 헷갈리거나 구성을 다르게 소개할 수도 있다. 미리 확인하고 리스트업을 하겠지만, 가능하면 리스트를 보지 않고 자연스럽게 말하는 것이 좋다. 자막으로 구성과 가격을 노출할 때는 여러 번 확인해야 한다.

라이브커머스를 진행하다가 즉석에서 상품을 구성해서 깜짝 경매를 진행하는 경우도 있다. 소비자들의 적극적인 참여를 유도하기 위해서는 이러한 프로그램도 준비하면 효과적이다.

사전에 상품의 상태를 체크하겠지만, 이동 중이나 진열 중에 상품에 문제가 있는지 시작하기 전에 한 번 더 확인해야 한다. 특히 상품을 보여주기 위해 손으로 잡거나 시식할 때 실수할 수 있으므로 조심해야 한다.

진행자는 최상의 컨디션을 유지하라

27년간 라이브 진행을 하면서 컨디션이 좋지 않아 행사를 망친 적은 단 한 순간도 없다. 항상 강조하지만 최상의 컨디션을 유지하는 것은 라이브 MC의 의무와도 같은 것이다. 만약 함께 진행할 파트너의 컨디션이 좋지 않다면 자신이 텐션을 좀 더 올릴 필요도 있다.

라이브커머스의 진행 방식은 상품에 따라 달라질 수 있다. 화사한 분위기를 연출할 수 있을 것이고 차분한 분위기로 진행해야 할 때도 있다.

지역 특산품을 라이브로 판매하는 날이면 생산자를 만나기 전에는 항상 각오를 하고 현장에 간다. 사전에 섭외하지 않으면 나서서 하겠다는 사람은 없다. 겨우 섭외해도 누구나 부담을 느낀다. 그런 분들에게 카메라를 비추면 표정이 어두워지고 걱정들을 하신다.

현장에 도착해서 진행자가 가장 먼저 할 일은 그날 일을 말하기보다 그분들의 마음을 먼저 알고 풀어주는 것이다. 제일 좋은 방법은 상품에 대해서만 질문하고, 쉽게 대답할 수 있는 내용으로 대화를 이어가는 것이다. 그러면 방송 중에도 자연스럽게 설명을 잘하게 된다. 생산한 상품을 좋아해주고 상품과 관련된 대화를 이어가면, 지역의 특산품을 생산하시는 분들은 말씀을 엄청나게 잘하신다.

처음 만나 대화해보면 오늘 기분이 좋고 몸이 가볍다고 하시는 분은 한 분도 없다. 모든 분위기는 가라앉아 계시고, 몸이 안 좋고 힘들다고 하신다. 그분들의 마음을 기분 좋은 마음으로 바꾼 다음 진행하는 것이 진행자의 숙제다.

진행자는 상품을 소개하고 시범도 보여주고 소비자와 소통도 해야 하기 때문에 라이브커머스가 진행되는 동안에는 전체를 볼 수 있는 시야를 가져야 한다. 나는 수만 명의 관객이 있는 무대에서 진행을 할 때도 진행만 하는 것이 아니라 무대의 전반적인 상태나 출연진의 컨디션, 음향, 조명의 상태까지 전체적으로 보면서 진행을 한다. 라이브커머스 진행과 라이브 현장 MC는 상품이 있고 없고의 차이가 있을 뿐 체크사항들은 비슷하다고 할 수 있다.

언제 어떤 돌발 상황이 일어날지 모르기 때문에 진행자는 그 시간 동안 방심해서는 안 된다. 그렇다고 너무 긴장해서도 안 된다. 자신의 정신적, 신체적 컨디션을 최상으로 유지하면서 습관적으로 주변을 둘러보면 모든 것이 눈에 들어오기 시작한다.

나는 컨디션 조절을 위해서 꾸준한 운동과 규칙적인 생활을 하고, 스케줄이 있는 전날은 관련 내용을 미리 살핀다. 진행이 끝나면 짧게 피드백을 하고 다음을 준비한다. 만약 그날 일에 문제가 있었다면, 피드백을 통해 체크만 해놓고 빨리 잊어버리는 것이 좋다. 마음에 담고 있으면 그다음 진행에도 영향을 줄 수 있기 때문에 나는 예전부터 지나간 행사는 길게 생각하지 않는다.

27년의 시간 동안 최고의 컨디션으로 진행을 할 수 있었던 비결은 건강한 몸을 유지한 것과 심리적 안정이 전부였다. 진행의 스킬은 시간이 지나면 조금씩 쌓이고 자기 스타일을 추구하게 된다. 평소에도 긍정적인 마인드를 유지하는 것이 습관이 되어야 한다. 무의식적으로 나온 표정이 그 사람의 이미지 전부로 비춰질 수 있다.

라이브를 진행하는 장면이 사람들에게는 단순하게 보일지도 모른다. 하지만 진행자의 순간적인 생각과 카메라 밖의 상황들은 쉴 새 없이 돌아가고 있다. 라이브는 순간의 판단이 잘못되면 그것이 바로 노출되기 때문에 사전 리허설이 꼭 필요하다.

라이브의 분위기는 시작 때부터 진행자가 만들어갈 수 있다. 긴장하고 있는 판매자와 함께 방송할 경우 처음부터 그날의 주제를 말할 수도 있지만, 나는 다양한 방법으로 라이브 진행을 시작한다.

우선 긴장하고 있는 판매자의 마음을 풀기 위해 상품과 관련 없는 이야기를 먼저 한다. 오늘의 상품이 아니라 지역의 다른 특산품을 말하면서 나는 전혀 모르는 것처럼 판매자에게 물어본다. 그러면 판매자는 보통 편하게 대답해준다. 신경을 다른 곳으로 돌리는 방법이다. 이렇게 하면 상대는 한결 편안한 마음으로 방송에 임할 수 있다.

오늘 판매할 물건에 대해 훅 치고 들어가면, 준비했던 대답이 긴장한 탓에 아주 강한 느낌으로 나온다. 그렇게 하려고 마음을 먹고 있었기 때문에 자신도 모르게 막 쏟아낼 수도 있다. 그래서 힘을 빼기 위해 전혀 다른 것으로 접근한다. 리허설 때도 살짝 드러내서 상대가 생각할 수 있는 시간을 주면 좋다.

라이브커머스가 진행되면서도 이런 형태의 질문을 가끔씩 하는 것이 좋다. 진행자는 전체를 보면서 템포를 조절하지만, 옆에서 상품을 설명해주는 사람은 살짝 방심하도록 하는 것이 더 자연스럽게 비춰진다.

댓글 창에 올라온 질문도 진행자가 대답하기보다 판매자가 답하도록 분위기를 가져가는 것이 좋다. 진행자는 소비자의 질문 대리인 같은 느낌이면 좋다.

일반적으로 방송이라고 하면 단어 선정에 유의해야 하고, 발음이 좋아야 하며, 외모가 뛰어나야 한다고들 생각한다. 현장에 가서 참가자들에게 제일 먼저 듣는 말이 '본인은 말재주가 없다'라는 말이다. 내 대답은 똑같다.

"내가 다 할 테니 옆에 가만히 계시면 됩니다. 대신 '예', '아니오' 대답은 해주세요."

진행자는 자신의 컨디션을 평소에 관리하는 것은 당연하고, 현장에서는 함께 진행할 상대의 컨디션도 체크해야 하며, 그때그때 조절할 수 있는 능력도 갖추어야 한다. 진행자는 정리를 잘 하는 것이 가장 큰 역할이다.

내 앞의 상품은 내가 만든 것이다

프리랜서로 활동하다보면 소속감을 가져야 한다는 말을 들을 때가 있다. 하지만 소속감보다 주인의식과 책임감을 더 가져야 한다. 라이브커머스 진행자는 대부분이 프리랜서다. 요즘 프리랜서들은 예전보다 더 전문적 지식과 마인드를 갖춘 사람들이어야 한다. 매일 다른 일을 하면서 하는 일마다 자부심을 느끼고, 그 분야를 파악하며 공부해나가야 오랜 기간 유지할 수 있다.

상품의 종류와 장소에 따라 메이크업과 코디가 달라져야 하고, 설명 방식도 달라야 한다. 우리 앞에 있는 상품을 소개하면서 마트에 진열되어 있는 상품을 소개하듯 한다면 소비자에게 진심이 전달되기 어렵다. 그래서 어떤 상품을 소개할 때는 생산자의 입장이 되어 소개한다면 좀 더 편하고 자연스러운 설명이 될 것이다. 매일 상품이 달라져도 그 순간 마음이 그렇게 준비되어 있어야 한다.

예를 들어 한과를 판매할 때 예전에 할머니께서 집에서 직접 한과를 만드셨던 모습을 떠올려보고, 그 생각을 정리해서 생산자와 대화한다면 자연스러운 인터뷰가 될 것이다. 이런 경험이 없는 사람은 검색을 통해 알게 된 정보를 자신의 경험으로 감정이입해서 진행하면 된다.

이런 방식의 진행은 오랫동안 현장 진행을 하면서 자연스럽게 습득한 것이다. 많은 경험이 있는 진행자는 어떤 상황에도 흔들리지 않는다. 사전에 자신이 진행할 상품을 받아 사용해보면 좋지만, 그렇지 않을 때는 리스트를 받아서 제품의 특징과 구성을 알고 있는 것이 좋다.

내 취미인 오프라인 물품경매는 경매사의 설명에 따라 판매량이 달라진다. 좋은 제품도 설명을 잘못하면 입찰자가 없고, 흔한 제품도 스토리텔링을 하면 많은 사람들이 참여한다. 어떤 경매사는 상품의 가치를 말하지 않고 저렴한 가격만 여러 번 말한다. 요즘은 공짜 물건도 자신에게 필요 없으면 가져가지 않는다. 반대로 아무리 비싸도 필요한 것은 구매하는 것이 예전과는 달라진 모습이다.

오프라인 경매도 코로나19로 인해 온라인 경매로 바뀌면서 많은 사람들이 유입되었다. 경매사가 직접 생산하는 제품은 아니지만, 경매사의 스타일의 따라 같은 제품도 다르게 느껴지는 것은 사실이다.

이제 성장하기 시작하는 라이브커머스를 보면서, 지금 온라인으로 경매를 하는 사람들이 라이브커머스의 선두주자라는 생각을 하게 된다. 자신만의 스타일로 있는 그대로를 꾸밈없이 유튜브만으로 보여주는 모습이 전혀 부담스럽지 않아 좋다.

온라인 경매장을 보면서 역시 팔지 못하는 물건은 없다는 것을 새삼 느낀다. 경매사들은 팔리지 않을 물건은 경매대 위에 올렸다가도 바로 내려버린다. 하나라도 팔겠다는 마음이라면 낮은

금액에 낙찰시키겠지만, 좋지 않은 물건을 판매하면 경매장 이미지가 나빠진다는 것을 명심하면서 운영하고 있었다.

라이브커머스 진행도 이렇게 이루어져야 한다. 제품을 소개할 때 과대광고는 역효과를 가져온다. 라이브커머스는 홈쇼핑처럼 단발성이 아니라 오프라인 경매장처럼 지속적으로 운영되어야 한다. 젊은 세대는 결제 시스템이 편리해야 이용한다는데, 본인에게 필요한 상품이면 어떤 방법이라도 구매한다.

클릭 한 번으로 결제되는 수단은 빠르고 편리하다. 그래서 충동구매를 부추길 수 있다. 라이브커머스는 충동구매하기 딱 좋은 시스템이다. 그 시간에만 좋은 상품을 엄청난 특가로 판매하니까 꼭 사야 한다고 생각할 수밖에 없다. 그래서 클릭 한 번으로 결제까지 이어지는 시스템이 라이브커머스에 필요하다.

하지만 소비자들이 충동구매한 제품은 만족도가 떨어질 수 있고, 장기적으로 봤을 때는 그리 좋지만은 않다. 생산자들은 저비용으로 마케팅을 하고, 소비자들은 직거래를 통해 저렴한 가격으로 구입하는 데에 라이브커머스의 목적을 두어야 한다.

대기업에서 하는 라이브커머스는 일반인이 진행하는 것과는 거리가 멀다고 생각한다. 제품을 정성껏 생산해서 소비자들에게 소개하고, 생산자와 소비자가 실시간으로 소통하는 것까지는 유사하다. 하지만 일반인이 상품을 소개할 때와 대기업에서 섭외한 몸값 비싼 인플루언서가 소개할 때를 비교하면, 진행 방식이나 소비자들이 상품을 인지하는 정도의 차이는 크다.

그래서 대기업의 라이브커머스는 논외로 하고 생산자와 일반기업에서 할 수 있는 방법을 말하는 것이다. 진정성, 책임감, 소통과 신뢰가 결여되면 라이브커머스의 본 목적을 벗어날 수밖에 없다.

일반인이 라이브커머스를 처음 진행하면 제품이 겨우 몇 개만 판매될 수도 있다. 하지만 시간이 지나면서 가성비가 좋다는 것을 느낀 소비자는 입소문을 내고, 재구매를 하기 위해 다음 방송을 기다린다.

내 스마트스토어에도 상품이 올라가 있다. 사진을 생산지에 가서 직접 찍고 그곳의 느낀 점을 상세 페이지에 기록해서 업로드했다. 처음에는 기대하지 않고 있었는데 첫 주문 이후 고객 리뷰에서 내가 원했던 소비자의 느낌을 볼 수 있었다. 다른 곳에 비해 가격이 특별히 저렴하지도 않은데, 재구매로 이어졌고 추천도 해주었다.

라이브커머스는 스마트스토어보다 생산자의 정성이나 마음을 소비자에게 더 잘 전달할 수 있는 도구다. 소비자는 생산자와 소통을 통해 제품을 믿고 구매할 수 있다. 아무리 강조해도 지나치지 않는 것은 라이브커머스 진행에서는 반드시 솔직해야 한다는 사실이다. 일반 생산자가 인플루언서나 셀럽이 진행하는 라이브커머스처럼 할 수는 없지만, 소비자에게 한번 얻은 신뢰는 더 오래 지속되고 효과를 볼 수 있을 것이다.

Live 준비는 꼼꼼하게, 진행은 단순하게

나는 행사를 준비할 때 모든 자료를 철저히 준비한다. 때로는 참가가 명단까지 출력해서 보는 경우도 있다. 하지만 암기력이 뛰어나지 않아서, 20장의 내용을 출력했다면 2장 정도만 외워지고 나머지는 참고만 한다. 그래도 시간이 지나면서 이것이 쌓이면 모두 정보와 지식으로 남는다. 이것을 평소 준비하는 사람과 하지 않은 사람의 차이는 엄청나게 크다.

코로나19로 문화예술계의 일들이 멈추면서, 많은 사람들이 이직하거나 겸업을 하게 되었다. 나는 내 직업을 시대의 변화에 적응시키기 위해 집중했다. 많이 부족하지만 책을 쓰고 디지털 기능을 습득하면서 한 해를 보냈다. 그 결과 새로운 전환점이 생겼고, 생각의 방향이 바뀌었다.

모든 것을 습득하는 과정에서 독학으로 정리하며 공부했었다. 정리를 할 때는 아주 세세한 부분까지 파고들어 기록해두고, 누군가 그 분야에 대해서 궁금해 하면 아주 단순하고 쉽게 말해준다. 라이브커머스 진행도 마찬가지다. 준비를 철저하게 해야 방송 시간에 여유롭고 편하게 진행할 수 있다. 반대로 대충 세팅해서 평소 지식으로 진행하면, 설명이 어렵기 때문에 그것을 보충하려고 군더더기를 붙이고 말이 길어진다.

현장 상태를 사전에 파악하고, 상품 진열과 예상 질문 등을 꼼꼼하게 체크하는 습관은 반드시 가져야 한다. 처음부터 준비 없이 잘하는 경우도 있겠지만, 운이 좋은 것이라 생각하면 된다. 이런 사람들은 시간이 지나면 실수를 되풀이한다. 준비하고 진행하는 사람들도 실수할 때가 있다. 하지만 그 실수를 다음에는 경험으로 만든다. 준비하지 않는 사람들은 실수를 밥 먹듯이 하고, 그때마다 변명하면서 위기를 넘기려고만 하게 된다.

라이브로 진행을 할 때는 두 번, 세 번 확인하고 점검해두어야 한다. 철저하게 준비한 사람들은 모든 것을 기억해내지는 못하더라도 준비를 했다는 느낌을 시청자에게 줄 수 있다. 당당하게 말함으로써 소비자들에게 신뢰를 얻을 수 있다.

어떤 분야든 성장하기 위해서는 배우고 연습하는 것이 왕도다. 이론보다 가르치는 사람의 경험을 배워야 한다. 한 분야의 전문가들을 유심히 보면 어떤 일을 함에 있어 어려워하거나 고민하지 않는다. 만약 고민하더라도 티내지 않고 어려운 일도 간단하게 해결해낸다.

이제 라이브커머스 진행을 배우겠다면, 먼저 시작한 사람들의 그런 점을 배우기를 바란다. 셀링 포인트나 설명 방법들은 자신의 스타일에 맞게 저절로 갖추어지게 되어 있다. 조급한 마음만 갖지 않는다면 누구나 소비자와 소통하고 판매할 수 있다. 꼼꼼한 준비와 심플한 진행으로 라이브커머스 최고의 진행자가 되기를 바란다.

최근 라이브커머스를 운영하는 플랫폼들마다 방법이 조금씩 다른 부분도 체크해야 한다.

네이버 쇼핑라이브와 카카오 라이브는 라이브커머스에 총력전을 펼치고 있다. 여기에 쿠팡까지 합세하면서 경쟁이 치열하다. 플랫폼이 더 많아져서 경쟁을 통해 판매자들이 접근하기 쉬워지기를 기대해본다. 스마트폰의 영상은 세로 모드를 주로 사용하는데, 카카오는 가로 모드로 사용하고 있다. 티몬의 TV온과 11번가, 현대, 롯데, 신세계TV의 쇼핑라이브는 앞서 언급한 플랫폼과 출발점이 다르기 때문에 성향이 다르게 느껴진다.

라이브커머스 진행자는 꾸며지지 않은 곳에서 전문적인 느낌을 전달하고 소비자의 궁금증을 해결해줄 수 있는 능력을 갖추어야 한다. 홈쇼핑과 다른 관점에서 보는 이유는 현장의 분위기를 그대로 전하고 싶어서다. 농산물을 쌓아놓고 들판에서, 때로는 바닷가나 가공 공장에서도 진행할 수 있는 생생한 라이브를 원하기 때문이다.

많은 중간 단계를 거치고 광고비와 제작비가 투자되어 만들어진 제품의 홍보는 결국 그 비용을 소비자와 판매자가 부담해야 하고 광고주만 배를 불려주는 양상이라서 권하고 싶지 않다. 중국에서 라이브커머스가 많이 성장했지만 현재 방향을 바꾸려고 하는 이유는 무리한 광고비 지출을 줄이기 위함이라고 볼 수 있다. 라이브커머스는 복잡하지 않은 교육으로 일반인들도 충분히 진행할 수 있다. 편견과 선입견을 가지지 않기를 바랄 뿐이다.

Live 홈쇼핑의 마인드를 버려라

라이브커머스 진행의 모습을 살펴보자. 4~5년 전 중국에서 시작되었다고 하지만 확실하지는 않다. 오프라인 라이브커머스는 전통시장에서 상품을 진열하고 단골 고객들과 사적인 대화까지 하면서 오래전부터 우리네 부모님들께서 먼저 해오고 계셨다. 상품을 있는 그대로 설명하고 조리법까지 알려주면서 말만 잘하면 덤으로 끼워주고 가격도 깎아주는 방식은 그 옛날 우리의 전통시장 모습 그대로다.

디지털이 발달되지 않았던 시절의 일이다. 지인이 가성비 좋은 물건을 찾아서 구매하려는데 내게도 필요하냐고 물어온다. 그러면 나도 지인에게 구매를 부탁하는 경우가 있다. 여기서 지인의 행동이 바로 지금의 라이브커머스 진행이다. 온라인의 발달로 이제 더 쉽게 상품을 확인할 수 있고, 궁금한 것을 질문할 수 있다.

이것을 라이브커머스라는 거창한 단어로 만들어내어 중국에서는 왕홍, 우리나라에서는 인플루언서들에게 광고비를 많이 주면서 진행하는 것이다. 지난해 대한민국 동행세일을 할 때 라이브커머스에 대해서 공부를 했었다면 더 열심히 활동했을 텐데, 프로그램이 끝난 후에도 생각이 없다가 이제야 깊이 고민하게 되었다.

인플루언서의 능력을 가지지 않은 일반인 또는 생산자 누구나 라이브커머스 진행을 할 수 있다는 것이 내 지론이다. 당장 상품을 하나 놓고 소개하라고 한다면 우리에게 익숙한 TV홈쇼핑 쇼호스트를 따라할 것이다. 경험을 하지 않은 사람들은 그것이 정답인 줄 알았다.

하지만 진행을 해보면 홈쇼핑과 라이브커머스 진행은 완전히 다르다. 라이브커머스를 홈쇼핑처럼 스튜디오에서 진행하더라도 소비자와 소통을 실시간으로 한다는 차이가 있다. 인플루언서가 라이브커머스에 쉽게 적응한 것도 팔로워가 함께 따라와서 소통을 했기 때문이다. 기본적으로 온라인 소통이 되는 사람들이기 때문에 셀링 포인트를 찾거나 판매를 위해 제품을 과장

되게 설명할 필요가 없다.

일반인들도 마찬가지다. 카톡을 열어보면 많은 사람들이 메시지를 기다리고 있다. 이 사람들에게 자신이 생산하는 좋은 제품을 언제 특가로 판매할 것이라는 메시지를 꾸준히 보내고 시작해보면 어떤 느낌인지 반응으로 알 수 있다. 우리는 유명인이 아니기 때문에 처음에는 이런 방법을 활용해야 한다.

실시간 중에도 링크를 공유할 수 있도록 안내하고, 실시간이 끝나면 공지로 후기 이벤트 등을 준비하는 방법이 있다. 이런 방법들은 인스타그램 공동구매나 페이스북에서도 많이 활용되고 있다.

어떤 사람들은 시작도 하지 않고 고객이 문제라고 한다. 무고한 고객을 섣불리 탓하는 것보다 본인이 시작하는 것이 더 중요

하다. 우리가 오프라인 현장에서 한 명도 없는 객석을 순식간에 가득 채울 수 있는 방법을 온라인에 응용하면 충분히 라이브커머스의 고객을 모을 수 있다.

라이브커머스 진행은 그냥 자기 스타일대로 자연스럽게 설명하는 것이 가장 중요하다. 표현력이 부족해서 완벽하게 전달하지 못하더라도 괜찮다. 질문하는 소비자에게 대화하듯 답하면 된다. 소비자들은 꾸며진 것을 너무나 많이 보아왔기 때문에 판매자의 자기다움이 소비자에게 전해지는 것이 좋다. 항상 즐거운 표정으로 신뢰를 쌓아야 한다.

결국은 이렇게 소비자에게 다가갈 수 있고, 소비자는 제품과 판매자에 대한 신뢰를 쌓을 수 있다. 그렇게 쌓아올린 신뢰는 결국 생산자만의 브랜드로 자리 잡는다.

사람은 누구나 자신의 스타일이 있는데도 다른 사람의 방식을 따르려 한다. 전문가의 장점을 배워서 자기 것으로 만드는 것이 중요하다. 그 사람을 따라 하면 이미테이션, 가짜, 짝퉁이 되고 만다. 지금 부족하다고 느끼는 그것은 성장을 해도 평생 그렇게 느낄 것이다. 그렇게 느끼면서 자기 스타일이 만들어진다.

끊임없는 도전과 실행으로 멈추지 말아야 한다. 급변하는 디지털시대에는 자기 눈에 보이는 것이 전부가 아니라는 마음을 항상 가지고, 자기 안에서 변화의 파도타기를 계속 해나가야 한다.

우리는 홈쇼핑이나 제품을 판매하는 분야에서는 비전문가다. 하지만 나는 라이브에서는 뒤지지 않는 전문가다. 비전문분야를 전문분야에 접목시켜 성장해나가는 것이 새롭게 등장한 라이브 커머스 시장이라 생각한다. 지금까지는 많은 것이 형식에 갇혀 있었다면, 라이브커머스를 통해서는 그 형식에서 벗어나 자유로운 소비문화가 형성되기를 기대한다.

시작하고 배워라

현재 성장하고 있는 라이브커머스를 배우겠다는 사람들이 많다. 무엇을 배우고 싶은지는 모르겠으나 잘해보겠다는 의지는 느낄 수 있다. 나는 그런 사람들에게 무조건 시작부터 하라고 말한다. 재미삼아 하든 진지하게 하든 시작해보면 어떤 것을 배워야 할지 알 수 있기 때문이다.

얼마 전 MC를 하는 후배에게 라이브커머스 진행을 시작하라는 말을 한 적이 있다. MC들은 누구나 라이브 진행을 잘할 것이라는 생각을 할 수 있지만 그렇지 않다. 사람마다 추구하는 것이 다르듯이, 변화를 싫어하고 새로운 것에 도전하는 것을 망설이는 사람들이 있다. 어떤 후배는 아직 준비가 되지 않았다며 사양했고, 다른 후배는 바로 하겠다고 말했다.

할 수 없다고 했던 후배는 SNS와 영상 촬영, 편집까지 좋은 능력을 가지고 있었고, 당장 하겠다고 하는 후배는 그 반대였다. 아무것도 시도하지 않고 준비된 것도 없는 사람이다. 그날 유튜브 채널 오픈하고 뭐라도 찍어 업로드하라고 했더니 바로 실행하고 나서 연락이 왔다. 누가 먼저 성장할지는 해봐야 하겠지만, 나는 아무것도 모르고 바로 실행한 후배가 먼저 라이브커머스에 입문한다는 것에 박수를 보내고 싶다.

여러 책에서도 말하지만 자신이 생각을 해야 현실이 되고, 그것들이 더 많은 것을 끌어온다. 나는 그전에 책을 쓰면서 실행의 중요성을 실감했다. 평소 나보다 배움도 많이 하고 독서도 많이 하던 사람들이 내가 책을 썼다는 말에 대단하다고 한다. 평소 나는 그들의 책 읽는 습관과 배움을 높이 평가하고 부러워했었다. 이제는 짧은 시간에 생각의 위치가 바뀌어버렸다.

코로나19 이후 나는 끊임없이 도전하고 공부했다. 경제적 어려움은 대부분 겪는 것. 그렇다고 열정이 식지는 않았다. 내가 쓴 책을 보면 문맥도 어색하고 두서없이 막무가내로 써내려간 것을 알 수 있다. 하지만 나는 자신의 생각을 전달하려는 의지만으로 무모하게 도전했다. 그 도전의 과정 속에서 힘든 부분도 있었지만, 이 책을 쓰고 난 뒤의 모습을 생각하며 즐겁게 써내려갔다. 책을 낸 후에도 자기계발을 소홀히 하지 않았다.

여전히 글쓰기는 잘하지 못하지만 해낸다는 마음만은 변함이 없다. 라이브커머스 진행도 마찬가지다. 현장에서 진행을 하는 MC 후배들이 가장 잘할 수 있는 것이 라이브 진행이고, 현장에서 발생하는 돌발 상황에 대처 능력이 뛰어나서 최적이라 생각한다. 마이크를 처음 잡는 사람들보다 훨씬 강점이 많은데도 도전하지 못하는 후배들도 있다. 반면 일반인 중에서도 관심을 많이 가지는 사람들이 있다. 이런 사람들은 조금만 도와준다면 빠르게 성장할 것이다.

라이브커머스 진행만큼 형식을 따지지 않는 것이 있을까 싶다. 다양한 영역에서 활동하던 사람들이 전문가라고 하지만 온라인에서는 입증할 방법이 없다. 라이브커머스는 형식을 갖추지 않아도 되기 때문에 시작부터 하고 자기만의 스타일로 빨리 감을 잡는 것이 좋다.

나는 첫 진행 때 기본을 습득하고 현장 경험을 하면서 피드백을 통해 부족한 점을 공부했었다. 돌이켜보면 무모한 도전이었기에 장애물도 많이 만났다. 하지만 그 벽을 하나씩 넘을 때마다 더 강하게 성장했다. 시작을 먼저 하고 배우면 그 분야에 푹 빠져서 내공을 더 쌓을 수 있다.

'라이브커머스 진행이 뭐 대단한 것이라고 이 나이에 그렇게까지 고민해야 하나?'라는 사람들도 있을 수 있다. 지금 시작해서 죽을 때까지 할 수 있다면, 그래서 5년 또는 10년 후 그 분야에서 인정받는 사람이 된다면 곧장 시작할 이유가 될 것이다.

프리랜서 MC를 하면서 많은 위기들이 있었다. 그때마다 새로운 것을 하나씩 배웠다. 그것을 배워서 돈을 벌기 위함이 아니었다. 자신이 하고 있는 일을 새롭게 만들기 위해서 끊임없이 도전했다. 누가 봐도 미쳤다고 할 정도로 배웠고 그 종류도 다양하다. 한 분야에서 흔들리지 않고 오랫동안 할 수 있었던 이유가 여기에 있다. 시작을 먼저하고 배워나가는 것. 실행이 답이다. 라이브커머스 진행도 지금 시작하라!

시작하고 실행하면 우리 안에 잠재되었던 것들이 하나씩 나와서 우리가 무엇을 해야 할지 알려준다. 그때 무엇을 확실히 배워야 할지도 결정하면 된다. 망설임은 시간 낭비다. 그렇게 보낸 시간과 세월이 얼마인가. 후회는 할 필요 없다. 예전에 하지 않고 미루었던 일도 지금 시작해서, 그때 하지 못했던 것까지 더 열심히 하기를 바란다.

댓글과 참가자를 확인하라

라이브커머스 진행과 TV홈쇼핑 모두 방송을 한다는 것은 공통점이다. 하지만 소비자가 무엇으로 시청하는지부터 큰 차이가 난다. TV로 시청할 때는 소파나 침대에서 쇼호스트의 설명을 유심히 듣다가 어느 시점이 되면 전화기를 들어 신청한다. 반면에 라이브커머스는 스마트폰을 들고 언제 어디서든 소비자가 원하는 장소에서 구매할 수 있다. 진행자 역시 어디서든 상품만 있다면 방송을 진행할 수 있다.

라이브커머스 방송도 연출자와 카메라감독, 음향감독까지 섭외해서 진행되는 경우가 있다. 이럴 때는 TV홈쇼핑과 비슷한 시스템으로 진행된다.

하지만 진행자의 역할은 달라져야 한다. 소비자들은 편리한 소통 때문에 모바일 라이브를 좋아한다. 일면식도 없는 사이지만 댓글로 편하게 질문할 수 있고 바로 답변해준다. 따라서 TV와 방송 시스템이 비슷하더라도 소통의 방식은 완전히 다르다. 그래서 라이브커머스를 진행할 때는 댓글로 누가 인사를 하는지, 어떤 질문을 하는지 잘 확인해야 한다.

방송을 멋있게 하는 것보다는 소통을 목적으로 해야 한다. 상품 설명을 잘하는 것도 중요하지만, 소비자가 궁금해 하는 부분을 쉽게 설명해줄 수 있어야 한다. 상품에 대해 소비자가 질문했는데 자신 있게 답변하지 못하면 역시 신뢰가 떨어진다. 어떤 스타일로 말하든지 제일 중요한 것은 소비자와의 소통이다.

라이브커머스 진행은 오프닝 때 댓글과 이름을 불러주며 인사하는 것만으로도 충분하다. 방송을 진행하거나 상품을 설명하는 중간에 입장하는 사람의 이름이 보이면, 이때도 이름부터 불러주는 것이 중요하다.

라이브커머스 진행에서 상품을 길게 소개할 필요는 없다. 준비한 상품 내지는 제공받은 상품의 품질에 자신이 있다면, 소통하면서 상품 소개를 짧게 해도 소비자들은 질문으로 상세한 것을 물어보기 마련이다.

TV홈쇼핑에서는 상품의 구성이나 장점을 부각시키고 매진 임

박이라는 단어를 사용하면서 시청자들에게 구매를 유도한다는 사실을 누구나 알고 있다. 이런 것을 라이브커머스 진행에서 그대로 사용하면 소비자들은 실망한다. 어떤 상품을 판매할 것인지는 사전에 홍보가 되어 있다. 소비자들은 가성비를 고려하면서 판매자와 소통하기를 원할 것이다.

라이브커머스 방송에 직접 참여해보면 처음 입장할 때 자신의 이름이 불리지 않거나, 댓글을 올렸는데 지나쳐버려질 경우 그 방에 오래 머물고 싶은 마음이 사라진다. 너무 많은 사람들이 접속해 있을 때는 다른 경우겠지만, 몇 안 되는 인원이라면 이름만 불러도 기분이 좋아진다.

나는 무대에서 진행을 할 때도 지금 객석에 앉아 있는 사람들의 느낌이 어떨지 생각할 때가 있다. 그래서 시작 전 가끔 객석의 느낌을 알아보기 위해 내려가서 한참 앉아 있어 본다. 위치가 다르기 때문에 서로의 느낌도 다를 것이다.

만약 라이브커머스 진행을 한다면 다른 사람이 하는 방송에 입장해서 인사도 나눠보기를 추천한다. 소통이 이루어지는 순간의 기분을 느껴보기를 바란다. 입장 인사를 했는데도 불러주지 않으면 기분이 상할 수 있다. 바쁘거나 실수로 놓친다 해도 서운하게 느껴질 것이다.

지난 12월 온라인 축제를 진행하면서 12회의 라이브 방송 중 매일 입장해서 댓글을 남기고 참여하는 분들이 있었다. 진행자 입장에서는 대단히 고마운 분들이기 때문에 그분들의 이름을 일일이 불러주고 감사의 말도 아끼지 않았다. 댓글을 읽더라도 그 분들의 댓글부터 읽고 내용도 더 언급하였다.

마지막 방송을 하는 날이었다. 첫날부터 함께했던 한 분이 오늘도 무조건 들어올 테니 감사의 선물을 깜짝 발표로 드리자고 감독님과 상의하였다. 방송은 시작되었고 역시 밝은 인사로 그 분이 입장하였다. 눈에 익은 닉네임이 유난히 많은 마지막 방송 날이었다. 방송이 끝날 때쯤 깜짝 발표를 하였고, 그분은 감동의 표현을 댓글 창에 쏟아냈다.

비록 댓글 창이지만 그 안에서의 소통으로 서로 간에 신뢰를 쌓았다. 그 기간에 얼굴 한 번 본 적 없었지만 소통을 통해 안부를 물어볼 정도로 친해졌다. 지역 특산물 라이브커머스를 진행하는데 어떤 분은 방송이 끝나고 나서 MC 앞으로 상품 주문을 해주신 경우도 있었다. 요컨대 라이브커머스는 소비자와의 소통으로 신뢰를 쌓는다는 점에서 TV홈쇼핑과는 확실히 다르다는 사실을 강조하고 싶다.

5장

누구나 라이브커머스 진행자가 될 수 있다

누구나 경탄할 만한 잠재력을 가지고 있다.

자신의 힘과 젊음을 믿어라.

'모든 것이 내가 하기 나름이다'라고

끊임없이 자신에게 말하는 법을 배워라.

– 앙드레 지드

스마트스토어 vs 라이브커머스 진행

나는 얼마 전 스마트스토어를 오픈하였다. 지역 특산물 축제가 끝나면 그 지역의 특산물을 현지에서 공급받아 판매하기 위해서다. 유통을 전혀 모르던 내가 스마트스토어 오픈 강의를 듣고 하나씩 만들어가는 과정이 재미있고 신기했다. 현지에 가서 열심히 사진을 찍고 생산자와 대화도 나누면서 정보를 수집하였다. 그리고 사진과 내용으로 상세 페이지를 만들고 상품을 업로드하였다.

무엇이든 정성을 쏟으면 결과가 좋은 법이다. 아무것도 모르던 내가 올린 상품에 주문이 들어오고 실제로 판매가 이루어졌다. 무척 신기하고 기분이 좋았다. 추운 겨울 생산자분들의 노고에 비하면 내가 하는 일은 아무것도 아님을 안다. 그래서 판매를 더 할 수 있는 방법을 생각해보았다. 그것이 바로 라이브커머스 진행이었다.

자신의 유튜브 채널이 있다면 라이브커머스 진행은 수월하다. 실시간 방송을 가끔씩 했었다면 소통하는 방송에서 상품만 끼워 넣는 것이기 때문에 어렵지 않다.

1년 전 유튜브를 시작하면서 어떤 콘텐츠를 할까 고민한 적이 있다. 일단 시작을 하고 영상 찍는 연습이나 하겠다는 식의 촬영을 했다. 그때만 해도 주변 사람들에게 유튜브를 시작하라고 말했었다. 그때 할까 말까 고민하던 사람이 아직도 고민하는 것을 보면서, 내가 유튜브로 성공할 것은 아니지만 시작하기를 잘했다는 생각이 든다.

구글에서 주는 공짜 방송국 무제한 저장장치라고 나는 이야기한다. '자신이 만든 영상을 누군가가 보면 어쩌지?'라는 생각은 누구나 한다. 하지만 보면 감사하고, 안 보면 봐달라고 해야 잘하는 것이다.

유튜브(YouTube)

페이팔(PayPal) 직원이었던 채드 헐리(Chad Hurley), 스티브 천(Steve Chen), 자베드 카림(Jawed Karim)이 공동으로 창립한 회사. 2005년 4월

23일 자베드 카림이 샌디에이고 동물원에서 찍은 〈Me at the zoo〉라는 영상이 유튜브 최초의 비디오로 업로드되어, 현재까지도 이 역사적인 영상을 찾아볼 수 있다.

유튜브는 이듬해인 2006년 10월에 16억 5천만 달러의 거액으로 구글(Google)에 인수되어, 구글의 막강한 서버 운영 기술과 자본의 도움을 받아서 오늘날 세계 최대의 동영상 공유 플랫폼으로 거듭났다.[9]

사람들이 동영상 플랫폼에 이토록 쉽게 접근하고 열광할 것이라고는 상상도 하지 않았다. 유튜브가 각광받기 전에는 많은 사람들이 '저런 것을 왜 볼까?'라는 생각을 했다.

그러다 아프리카TV BJ들이 유튜브에 바람을 몰고 오면서 서서히 동영상 플랫폼의 파워가 나타나기 시작했다. 수익창출이 어마어마하다는 게 알려지면서부터 대중들의 관심이 부쩍 커졌다. 그래서 유튜브를 한다고 하면 구독자가 얼마나 되는지, 수익이 어떻게 되는지 물어보는 게 기본이 되었다.

나는 수익을 목적으로 유튜브를 시작하지는 않았다. 언젠가는 수익을 창출할 수도 있겠지만, 자신이 나오는 동영상을 마음껏

9) 정지훈, 《거의 모든 인터넷의 역사》, 메디치미디어, 2014

촬영하고 온라인에 공개함으로써 자신이 존재한다는 사실을 남기고 싶은 마음이 먼저였다.

어떤 유튜버는 정성을 다해서 영상을 촬영해 큰 기대를 하고 업로드했는데 아무도 보지 않는다고 푸념했다. 반면에 아무 생각 없이 그냥 올린 영상이 대박을 쳤다고도 한다. 유튜브는 알 수 없는 것이다. 알고리즘이 어떻고 급상승이 어떻고 하는 말들은 그들만의 이야기다.

우리는 영상을 찍어서 올릴 수 있는 공간이 있다는 것에 감사해야 한다. 이 고마운 플랫폼을 다른 용도로도 사용할 수 있다면 금상첨화일 것이며, 라이브커머스야말로 이 플랫폼에 최적화할 수 있는 콘텐츠일 것이다.

현재 네이버 쇼핑라이브나 카카오 라이브, 그립 같은 곳은 라이브 방송만을 위한 곳이고 진입도 쉽지 않다. 일반인이 진입하려면 어떤 자격이 필요하고 수수료를 지불해야 한다. 하지만 유튜브 실시간, 페이스북, 인스타그램 같은 곳들은 생산자 누구나 편하게 이용할 수 있다.

좋은 영상을 만드는 것도 중요하지만 기능을 익히는 연습을 하는 것이 좋다. 라이브 방송 도중에 특가로 판매했던 상품을 방송 종료 후 스마트스토어에 정상 가격으로 진열하고, 가끔 라이브 방송을 통해서 특가 판매 행사를 진행하는 것도 좋은 방법이다.

내가 즐겨보는 그림이나 소품 경매도 모두 유튜브로 진행을 한다. 동시 접속자 최소 100명 이상, 많게는 500명 정도가 같은 공간에서 대화하고 참여하는 모습이 사람 사는 것 같아서 좋다.

나는 스마트스토어와 라이브커머스 진행 둘 다 하는 것을 권하고 싶다. 특정 지역을 여행하다가 가성비 좋은 특산물을 만나면, SNS를 통해 라이브 방송 채널을 알리고 바로 영상을 켜서 진행하면 된다. 그러다 반응이 좋을 경우 생산자에게 스마트스토어로의 공급을 의뢰하면 일석이조의 효과를 누릴 수 있다.

이 책을 쓰고 나면, 나는 전국의 특산품 생산자를 찾아가서 무작정 라이브 방송을 할 계획이다. 유튜브도 언제 급상승할지 모르듯이 어떤 특산물이 엄청난 인기를 누릴지 모르는 일이다.

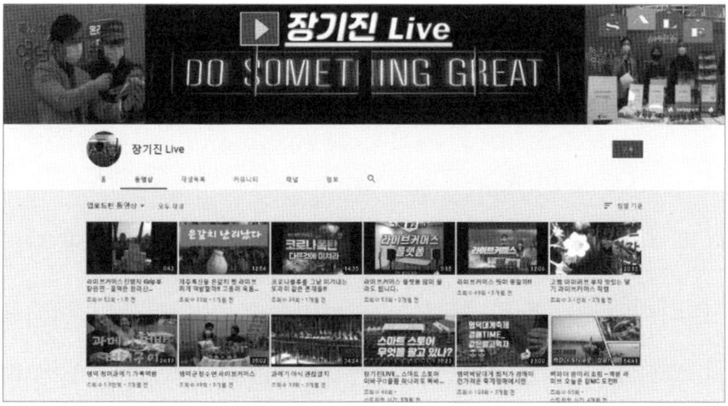

스마트스토어는 블로그에 글을 포스팅하는 느낌이고, 라이브커머스는 유튜브를 촬영하는 느낌이라고 할 수 있다. 유통도 모르던 내가 어렵지 않게 시작한 스마트스토어와 라이브커머스는 현재 나쁘지 않게 진행되고 있다.

배우는 과정에서는 똑같이 따라하고, 알고 나면 개성을 살려야 한다. 독특한 것을 찾고 새로운 것을 좋아해서 가끔 주변 사람들이 싫어할 때도 있다. 하지만 남의 눈치를 보지 않는 스타일이기 때문에 자신이 원하는 대로 실행할 수 있는 것 같다. 어떤 일을 해보려고 하면 응원하는 사람보다 기운을 빼는 사람들이 더 많다. 그래서 예리하게 관찰하고 명석하게 판단해서 결정해야 한다.

자신이 도전했고 경험했던 것을 다른 사람들에게 알려주는 일은 어렵지 않다. 다만 배우겠다는 사람의 각오가 어느 정도인지가 성패를 결정한다. 나는 '될 때까지!'라는 각오로 시작하지만 쉽게 빨리 되어버리는 경향이 있다. 그래서 코치도 쉽고 빨리 실행할 수 있도록 한다.

현재 스마트스토어를 운영하는 사람들은 제품 소싱에 고민이 많고, 라이브커머스를 하고 싶은 사람들은 어디서부터 시작할지 몰라 망설이는 경우를 볼 수 있다. 라이브커머스 진행과 경매 그리고 스마트스토어를 함께 코치해줄 수 있는 사람이 얼마나 될지 모르겠지만, 코로나19로 힘들었던 상황을 벗어나기 위해 이제 조금만 더 집중했으면 한다.

지금 내가 하는 모든 것들이 내 능력에서 시작된 것이 아니라, 어떤 것을 생각하고 그것에 집중하면서 이루어낸 것들이다. 항상 좋은 상태에서 긍정적인 에너지를 끌어당긴다는 마음으로 집중하면, 정말 그 끌어당김의 힘이 작동을 할 것이다.

네이버 스마트스토어 오픈하기

라이브커머스 플랫폼 가운데 고객 유입이 다소 수월한 곳이 네이버 쇼핑라이브다. 이곳에 입점하기 위해서는 먼저 네이버 스마트스토어를 개설해야 하고, 판매자의 등급이 새싹 이상일 때 라이브 방송이 가능하다. 스마트스토어의 판매자들은 씨앗, 새싹, 파워, 빅파워, 프리미엄, 플래티넘의 6등급으로 구분되며, 그중 새싹 등급은 최근 3개월의 누적 데이터를 기반으로 판매 건수 100건 이상, 판매금액 200만 원 이상인 경우에 달성할 수 있다.

온오프라인 강의를 듣거나, 유튜브를 독학해도 어렵지 않게 스마트스토어를 오픈할 수 있다. 첨부해서 제출할 서류를 준비하고 네이버에서 스마트스토어를 검색하면, 스마트스토어센터에서 판매자 가입을 할 수 있다. 이때 준비 서류는 사업자등록증과 통신판매업 신고증, 그 외 판매 물품에 따라 건강기능식품판매업 신고증, 의료기기판매업 신고증을 발급받아야 한다.

사업자등록증은 세무서나 국세청 홈택스에서 당일 발급받을 수 있다. 사업자등록증을 발급받을 때는 상호, 신분증, 임대차계약서가 필요하고, 발급 후 통장을 개설하면 된다. 통신판매업 신고증을 받기 위해서는 사업자등록증과 구매안전서비스 이용확인증이 필요한데, 이것은 네이버 스마트스토어에서 제공하고 있다. 스마트스토어를 가입할 때 자신의 스마트스토어 이름을 정해야 하는데, 1회만 수정 가능하기 때문에 잘 생각해서 만들어야 한다.

이렇게 스마트스토어가 개설되고 사업자등록증과 통신판매업 신고증을 발급받았다면, 제품을 소싱하여 스마트스토어에 업로드하면 된다. 상품을 업로드할 때 중요한 것은 상품의 선명한 사진과 상세한 설명이

다. 상세 페이지를 꾸밀 때는 대표 이미지 1장과 설명에 사용될 이미지 8~9장 정도면 적당하다. 상세 설명은 소비자가 글을 읽고 사용해보고 싶다는 느낌을 가질 수 있게 사실적으로 쓰는 것이 좋다. 스마트스토어의 제품은 검색을 통하여 노출되기 때문에 무엇보다도 상품명이나 대표 이미지를 잘 만드는 것이 중요하다.

상품은 판매 방식에 따라 위탁 판매와 사입이 있다. 위탁 판매는 주문을 자신의 스마트스토어에서 받고, 그 내용을 공급자에게 전달하면 배송을 해주는 형태다. 사입은 미리 제품을 구입해두었다가 주문이 들어오면 자신이 직접 발송하는 형태라 할 수 있다. 네이버 스마트스토어의 정산 주기는 5~7일 정도가 소요되며, 2~3%의 수수료가 발생한다. 창업 초기 사업자에게 12개월 동안 결제 수수료를 지원해주는 스타트제로 수수료도 있다.

그립에서 활동하기

라이브커머스는 누구나 쉽게 도전할 수 있다. 라이브 스트리밍을 가끔이라도 하는 사용자라면 라이브커머스가 낯설지 않게 느껴질 것이다. 구독자나 시청하는 사람들의 숫자에 연연하지 않는다면, 연습하거나 실행할 수 있는 플랫폼들도 많다. 라이브를 할 수 있는 SNS라면 페이스북, 인스타그램, 밴드, 유튜브 등이 대표적이다.

그중 페이스북 라이브와 유튜브 실시간은 많은 사람들이 이용하고 있으며, 언제라도 실시간 스트리밍을 할 수 있다. 사용자가 늘어나고 있는 인스타그램도 실시간 스트리밍이 이루어지고 있으며, 이렇게 방송을 하면서 제품이 소개되고 판매된다면 이것 또한 스몰 라이브커머스다.

좀 더 체계적으로 준비할 수 있다면 좋겠지만, 즉흥적으로라도 라이브커머스를 진행할 수는 있다. 이때 편리한 결제 시스템을 이용하는 대신에 불편한 계좌이체를 해야 하는 것이 문제다. 밴드나 유튜브, 페이스북, 인스타그램에서 이루어지는 공동구매 형식의 라이브커머스는 계좌이체 방식이 대부분이다.

그에 반해 기존의 플랫폼 형태를 유지하면서 앱으로 접속하면 언제든지 라이브를 할 수 있고 구입할 수 있는 곳들이 생겨나고 있다. 여러 군데가 있지만 나는 그립을 이용하고 있다. 쉽게 라이브커머스를 진행하는 데에 유용한 앱이라서 그립의 이용자도 점점 늘어나는 추세다.

앱 형식의 플랫폼은 팔로우를 해두면 실시간 스트리밍이 있을 때마다 알림을 받아볼 수 있다. 이것은 가성비 좋은 제품을 취급함으로써 마니아층을 만들 수 있다는 이야기가 된다. 방송 중과 방송 후에도 나의 방송을 얼마나 많은 사람들이 보았고, 누가 팔로우를 했는지까지 확인이 가능하다.

최근 그립에 입점을 하여 '장기진 Live' 채널을 운영 중이다. 이 채널은 현장에서 라이브 공연을 하는 모습이나 생산지에서 직접 수확하는 모습들을 방송하면서 소비자와 소통할 수 있는 역할을 하고 있다. 기존의 홈쇼핑처럼 제품만을 판매하는 형식이 아니라 랜선으로 공연도 즐기고, 지역의 정보와 기업 홍보도 자연스럽게 이루어질 수 있다. 이것이 내가 추구하는 라이브커머스의 방향이다.

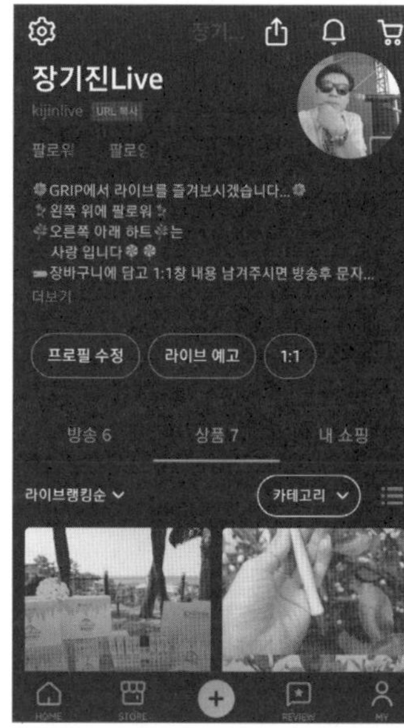

입점 방식은 대부분 비슷하기 때문에 이번에는 그립을 예로 들겠다. 네이버의 쇼핑라이브보다 트래픽이 많지는 않지만, 시간이 지나면서 노하우를 쌓기에 좋은 곳이 그립이라고 생각한다. 그러면 그립에서 활동하기 위한 두 가지 방법을 알아보자.

첫째, 그립에서의 인플루언서라고 할 수 있는 그리퍼가 되는 것이다. 판매자가 제품을 등록하고 그리퍼를 원할 경우 수수료를 받고 판매를 진행하는 형식이다. 그리퍼는 제품이 없어도 의뢰인의 제품으로 판매를 하게 된다. 하지만 그리퍼는 신청과 심사를 통해 선정된다. 이 과정에서 한번 탈락하면 3개월 후 다시 신청할 수 있다. 팬층이 두터운 인플루언서나 셀럽이라면 도전해볼만하다.

두 번째는 그립에 입점하는 것이다. 구글 플레이 스토어에서 그립 앱을 먼저 다운로드한다. 그다음 그립 앱에 접속하여 가입하고, '입점하기'에서 형식에 맞게 신청하면 3~5일 후 결과를 통보받는다. 승인 후 제품을 업로드해야 하는데, 이것은 네이버 스마트스토어와 같은 형식이다. 사업자등록증, 통신판매업 허가증, 사업자 명의의 통장 사본과 같은 서류들이 필요하므로 준비해두어야 한다.

방송 시작 전 PC의 판매자센터를 접속하고 '상품관리'에서 '상품등록'을 마친 후 방송을 시작하면 된다. 이때 유튜브처럼 썸네일을 만들 수 있으며, 관리자가 댓글 창을 관리할 수 있다.

Live

선입견을 버리자

많은 사람들이 유튜브나 라이브 방송을 선뜻 하지 못하는 가장 큰 이유는 어색한 자신의 모습을 누군가 보면 어쩌나 걱정하기 때문이다.

하지만 아무도 관심 가지지 않으니까 걱정할 필요가 없다. 우리가 아무리 정성을 쏟아 영상을 만들어도 사람들은 자신의 관심 분야가 아니면 열어보지 않는다. 그렇다고 영상이 저절로 노출될 일도 없다. 다만 우리는 구글에서 공짜로 제공하는 자기만의 공간을 그냥 내버려둘 이유가 없다.

라이브커머스는 중국의 인플루언서 왕홍들이 팔로워들의 인기를 업고 경제 전선에 합류한 것이다. 팬들은 자신이 좋아하는 사람이 추천하는 상품을 구입하고, 상품은 몇 분 만에 완판, 매진되기도 한다.

하지만 아무리 많이 판매해도 왕홍들만 좋은 일 시킨다는 말이 있을 정도다. 판매 수수료 챙기고 섭외 개런티까지 별도로 받아 가면 중소기업은 힘든 것이 맞다. 그래서 중국 내에서도 일반인들의 영상을 찾는 경우도 있다고 한다.

지금도 기업들은 왕홍들에 의존하고 몇몇 왕홍은 갑질까지 한다. 대기업에서는 많은 비용을 지불하고 왕홍을 섭외한다. 중소기업이나 소상공인들은 엄두조차 내지 못한다. 정상급 왕홍은 섭외가 어려울 뿐 아니라 아무 제품이나 받아주지도 않는다.

최근 중국의 기업들은 왕홍보다 일반인이나 마이크로 인플루언서를 선호한다고 한다. 의견 조율도 어렵지 않고 비용도 덜 부담되기 때문이다. 심지어 팔로워가 많은 왕홍이 팔로워가 몇 되지 않는 사람보다 판매를 못하는 난처한 경우도 있다고 한다.

라이브커머스가 세계적으로

아직 정형화되지는 않았지만, 한국에서는 보통 TV홈쇼핑 스타일로 진행되고 있다. 마치 무대에서 정해진 멘트를 하듯이 오프닝 때 양손을 흔들면서 인사하고, 음식이 입으로 들어가는 순간 극찬을 하는 등 라이브 방송을 보면 제품만 다를 뿐 예전에 TV 홈쇼핑에서 보아오던 방식이 비일비재하다.

라이브커머스가 이러한 형식을 탈피하기를 바란다. TV를 기반으로 하던 홈쇼핑이 사람들이나 진행자에게 익숙하기 때문에 아직 그 스타일을 추구하지만, 시간이 지나면 모바일에 특화된 진행이 만들어질 것이다.

라이브커머스는 진행 스킬이 달라야 한다. 제품의 인기도는 어쩔 수 없더라도, 판매하지 못할 제품은 없다고 생각한다. 그래서 라이브커머스는 실시간이 가능한 곳이면 언제 어디서든 할 수 있어야 한다.

지금 진행되는 라이브커머스는 크게 세 가지 형태로 구분할 수 있다. 먼저 카메라로 촬영하고 방송용 핀 마이크를 사용하는 것, 두 번째는 여러 대의 카메라를 설치해서 다각도에서 촬영하고 제품의 광고 효과를 더 많이 나타내는 방법, 세 번째는 내가 추구하는 방식으로 오직 스마트폰만을 이용해서 촬영하는 라이브커머스다.

사실 혼자서 라이브커머스를 진행한다면 전문가가 아닌 이상 정신없이 진행될 것은 뻔하다. 대부분 카메라와 댓글을 쓰는 컴퓨터 정도를 활용할 것이다. 전문 업체를 통하면 제품 진열부터 카메라 위치, 진행자의 동선까지 체크하면서 더 꼼꼼하게 할 수 있다. 코로나19로 많은 사람들이 온라인 사업을 준비하면서 라이브커머스라는 핫한 아이템이 등장한 덕분에 하루가 다르게 전문 업체의 광고가 늘어나고 있지만, 비용이 많이 든다는 단점도 있다.

내가 추구하는 라이브커머스는 세 가지만 잘 준비되고 지속적으로 한다면 누구나 할 수 있다.

첫째, 판매할 제품을 준비하고 제품에 대해서 충분히 알아야 한다.

둘째, 망설이지 않고 스마트폰을 거치대에 세팅해서 촬영을 시작한다.

셋째, 소비자들에게 준비된 제품의 이야기를 들려준다.

이외에도 주문과 결제, 배송 등이 있지만 이런 부분들은 넘어야 할 산이 아니기 때문에 걱정하지 않아도 된다.

형식에 얽매이지 않고 판매자가 추구하는 자기만의 방식으로 진행하는 것이 라이브커머스 진행자의 이상적인 모습이다. 라이브커머스는 새로운 비즈니스다. 비즈니스는 사람이 중심이 되어야 한다. 그래서 라이브커머스는 사람이 중심이 되고, 그 사람들이 모여 소통하면서 신뢰를 쌓고 지속적인 관계를 만들어가는 것이다.

SNS로 적극 홍보하라

SNS는 소통의 도구에서 마케팅의 수단으로 그 용도가 진화하고 있다. 예전에는 우체국에서 우편물을 일일이 발송했고, 반송되어 오는 경우도 있었다. 하지만 요즘은 더 많이, 더 빠르게 메일이나 SNS를 통해 발송할 수 있고 효과도 바로 느낄 수 있다. 마케팅을 잘하는 사람들은 SNS만을 활용해서 광고하고 모든 플랫폼과 연동시키면서 결국 자신이 원하는 페이지로 사람을 유입시킨다.

요즘 많이 하고 있는 오픈 채팅방을 보면 대놓고 광고방으로 사용하기 위해 가입한 사람도 있고 슬쩍 눈치 보면서 광고를 올리는 사람, 정보처럼 올렸는데 결국 광고를 하는 사람들이 있다. 소통을 위하여 오픈 채팅방에 들어왔던 사람들은 너무 시끄럽고 복잡해서 퇴장하는 경우도 많다. 지금은 모든 SNS에 광고 없는 곳이 없을 정도로 효과도 있다는 것을 증명한다.

라이브커머스를 하기 며칠 전부터 몇 차례 방송 내용과 일정을 공지하고 노출시킨다면, 큰 관심을 끌지는 못하더라도 알리지 않은 것보다는 훨씬 효과가 있다. 유튜브와 개인 SNS에 글을 올려도 다른 사람들이 도움을 주지 않으면 혼자서는 너무 힘든 광고 과정이 된다. 일반인이 할 수 있는 것은 계획적으로 꾸준히 올리는 것 외에는 방법이 없다. 쉽게 알리는 만큼 빨리 잊히고, 그것을 피하기 위해 자주 알려야 한다.

오프라인으로 한 명의 고객을 확보하면 다른 사람들에게 전달되는 데 많은 시간이 소요되지만 온라인의 전파력은 엄청나다. 독특한 영상 하나가 몇백만 뷰를 기록할 정도고, 아직 우리에게 노출되지 않은 영상 중에도 많은 사람들이 본 영상 역시 있을 것이다. 우리가 온라인 시장에서 활동하기 위해서는 흐름을 파악해야 한다.

자신이 쓴 글을 사람들이 볼 수 있게 만들어야 하고, 그렇게 노출된 뒤 전파가 이루어져야 성공한 것이다. 컴퓨터의 프로그램보다 모바일의 어플리케이션이 더 많이 활용되고 있다. 촬영과 편집에서 문서 작성까지 안 되는 것이 없고 컴퓨터보다 더 쉽게 게시할 수 있기 때문에 조금만 관심을 가진다면 SNS 홍보는 어렵지 않다.

나는 지난 한 해 SNS와 컴퓨터에 관심을 갖기 시작했다. SNS에서는 우리가 먼저 상대방의 글과 사진에 관심을 가지고 표현해야 상대방도 우리에게 관심을 가져준다는 것을 알았다. 그전에는 보든 말든 아무 계획도 준비도 없이 마음대로 했다면, 이제는 조금이라도 준비해서 글을 쓰고 다른 사람들의 글과 사진에 관심을 표현하게 되었다.

라이브커머스 이전에 인스타그램과 블로그에서는 이미 공동구매가 이루어지고 있었다. 나는 그런 부분에도 관심이 없었고, 나처럼 SNS나 온라인을 잘 활용하지 못하던 사람들이 많았을 것이다. 하지만 배움을 통해서 조금씩 알아가고 관심을 가지기 시작하니까 온라인의 세계가 엄청나다는 것을 곧바로 느꼈다. 요즘처럼 온라인으로 대부분 이루어지는 시대에 미리 배워두지 않았다면 많이 후회했을 것이다.

이론보다 실전에 강해져라

사회생활을 하다 보면 모든 분야에서 전문가처럼 말을 하는 사람을 볼 때가 있다. 유심히 살펴보면 그런 사람들은 행동보다는 말이 앞서는 경우가 많고, 다른 사람의 경험을 자신의 경험처럼 이야기하는 것을 알 수 있다.

라이브커머스에 관해서 이론적으로 어떻게 할지는 배우지 않더라도 누구나 글로 쓰거나 말로는 할 수 있다. 모든 분야에서 실전에 강해야겠지만, 특히 편집 없이 진행되는 라이브에서는 실전을 항상 염두에 두어야 한다. 최악의 조건에서도 흔들리지 않고 마무리할 수 있어야 한다. 돌발 상황을 대처하고 이겨내는 것도 평소 실전을 대비하고 연습해야 가능한 일이다.

실전처럼 연습하기 위해서는 먼저 이론적인 검토를 하고, 일

상생활에서의 모든 사물을 상품화해서 연습 대상으로 삼으면 된다. 어린아이들이 장난감 놀이를 할 때 선생님이나 부모님의 모습과 말투를 따라하듯이 평소에도 인지시키는 습관을 가져야 한다.

나는 지금도 운전 중에 혼자서 진행을 할 때가 많다. 긴 시간은 아니지만 장난스럽게 다양한 톤으로 말을 해보고 어떤 것이 자신과 어울리는지 체크해본다. 아무것도 아닌 것처럼 보이지만 이런 것들이 현장에서 자신도 모르게 툭 튀어나온다.

평소에 시뮬레이션을 많이 하는 사람과 그렇지 않은 사람은 분명 차이가 있다. 시나리오대로 순서에 맞게 진행될 때가 대부분이지만, 그렇지 않을 때에는 당황할 수 있다. 평소 그런 상황을 생각해봤던 사람이라면 편하게 상황을 넘길 수 있을 것이다.

현장에서도 리허설을 했을 때와 그렇지 않았을 때의 차이는 엄청나게 크다. 시나리오를 읽어보면 완벽한 그림이 그려지고 한 치의 오차도 없지만, 실제 리허설을 해보면 허점투성이에 시나리오대로 진행되지 않을 때가 많다. 그러면 상황을 바꿔야 하고 시나리오를 수정해야 한다. 리허설은 실전보다 더 중요하다. 라이브는 단 한 번밖에 없다. 그래서 모든 것은 평소 습관처럼 연습되어져야 하고, 사전 리허설에서 체크가 되어야 한다.

이론은 그냥 지식일 뿐이고 실전경험을 많이 쌓아야 한다. 잘하고 못하고는 시간이 지나면 어렵지 않게 바꿀 수 있다. 책을 읽고 쌓은 지식과 경험을 통해 얻는 지식의 차이는 분명 크다. 책 읽기를 싫어했던 나는 모든 것을 경험을 통해 습득하였고, 지금의 독서 습관도 경험으로 만들어진 것이다.

라이브커머스 진행은 상품을 판매해야 하는 것이기 때문에 눈앞에 상품이 있고 없고의 차이도 분명 존재한다. 익숙하지 않은 상품을 소싱할 때가 있을 것이다. 나는 한국 최초로 포크레인 경매를 해외 바이어들에게 영어로 진행했었다. 처음에는 할 수 없다는 생각이 들었지만, 그 생각을 바꾸면서 성공해야겠다는 마음을 먹었다. 성공적으로 진행하기 위해서는 평소의 연습이 필요했고, 습관처럼 영어로 숫자가 나올 수 있을 정도의 연습을 했다.

'연습을 실전처럼'이라고 하는 말은 열심히 하는 사람들의 말이다. 세상에는 그 어떤 것도 불가능한 것은 없다. 가능하기 때문에 누군가는 해냈고, 그러니까 여러분도 해낼 수 있다.

상품의 가치를 느낄 수 있게 하라

사람들은 어떤 상품을 구매할 때 가성비를 따진다. 가격 대비 성능을 따지는 것이다. 나는 지역 특산물 라이브 진행을 하면서 상품의 가성비보다 가치를 느끼도록 진행을 했다.

장석주 시인의 대추 한 알에 가치의 의미가 나와 있다. 저 안에 태풍 몇 개, 저 안에 천둥 몇 개……. 특산물을 생산하시는 분들과 방송 중에 대화를 하면서 나는 이분들의 정성을 느낄 수 있었다. 듣고 느낀 그 가치를 소비자들에게 잘 전달하는 것이 라이브커머스 진행자의 역할이다.

대추 한 알

장석주

저게 저절로 붉어질 리는 없다.
저 안에 태풍 몇 개
저 안에 천둥 몇 개
저 안에 벼락 몇 개

저게 저 혼자 둥글어질 리는 없다.
저 안에 무서리 내리는 몇 밤
저 안에 땡볕 두어 달
저 안에 초승달 몇 날[10)]

쌀농사를 짓던 분들이 쌀값이 떨어져 다른 방법을 생각하시다가 그 쌀로 누룽지를 만드셨다. 그 아들은 부모님이 걱정되어 귀농해서 농사일을 돕고 있었다. 젊은 아들은 예전의 농사 기법이 너무 힘들어 다시 농업을 공부하고 모든 시설을 자동화시켜서 수익을 늘렸다.

---

10) 장석주, 《대추 한 알》, 이야기꽃, 2015

소비자들이 마트에서 상품을 구입할 때와 다르게 라이브커머스에서는 이처럼 제품과 관련된 주변 이야기를 하는 것도 나쁘지 않다. 홈쇼핑처럼 상품 소개를 잘하고 판매를 부추기는 것도 수익 면에서는 좋겠지만, 라이브커머스는 지속성을 염두에 두고 진행되어야 하기 때문에 생산자의 스토리를 풀어내는 것이 효과적이다.

스토리텔링은 짧게 효과적으로 해야 한다. 지난 일을 말하다 보면 스토리에 심취해서 말이 길어지는 경우가 있는데, 소비자들은 내용을 전부 들으려고 하지는 않는다. 짧고 전달이 잘되기 위해서는 진행자가 생산자에게 질문을 잘해야 한다. 항상 소비자들도 댓글로 대화에 참여할 수 있도록 유도해야 한다.

TV와는 달리 동영상 플랫폼은 조금만 시청자의 눈에서 벗어나도 기다리지 않고 나가버린다. 그래서 아무리 감동적인 스토리텔링이라 해도 자신과 상관없다 싶을 때는 관심 가지지 않는 것이 동영상 플랫폼이다.

라이브를 진행할 때 진행자의 역할은 무대에서와 마찬가지로 소비자와 생산자가 소통할 수 있는 다리 역할을 하는 것이다. 라이브커머스가 지속적이기 위해서는 생산자와 소비자 사이에 자연스러운 소통이 이루어져야 한다. 하지만 쉽지 않은 경우가 많기 때문에 진행자의 역할이 굉장히 중요하다. 라이브 방송에서 진행자는 상품 판매를 위한 준비도 해야 하지만, 이런 환경에 익숙하지 않은 사람들을 잘 적응할 수 있게 이끌어 주는 역할에도 충실해야 한다.

상품의 가치를 느끼게 하기 위해서는 소비자의 만족도 함께 따라야 한다. 소비자는 냉정하다. 그런 소비자들에게 먼저 관심을 보이고 소통하면서 신뢰를 쌓을 수 있는 것이 라이브커머스의 장점이다.

하면 된다!
하지 않아서 안 되는 것이다

지금은 라이브커머스 진행을 하기에 제일 좋은 때라고 말할 수 있다. 디지털의 엄청난 성장 덕분에 스마트폰 하나면 모든 것을 할 수 있는 요즘이다. 텍스트보다 진화한 동영상으로 소통하는 시대다. 특히 세계에서 가장 인터넷 환경이 좋은 우리나라라면 라이브커머스에 최적화된 조건이라 할 수 있다.

하지만 진정 넘어야 할 산은 우리 마음속에 있다. 모든 것을 말과 행동으로 보여주어야 하기 때문에 부담을 먼저 느낄 수는 있다. 하지만 시작하기 전부터 고민만 하고 있으면 마음이 무거울 수밖에 없다. 전혀 가망이 없을 것 같은 일도 끝까지 하는 사람은 이루고 만다. 세상에 힘들지 않은 것은 없다. 얼마나 힘들면 아침에 눈뜨는 것조차 힘들다고 하는 사람도 있다.

라이브커머스를 하면서 만난 대표님들도 편하게 제품을 생산하는 사람은 아무도 없었다. 너무 힘들어서 시작했고, 하다 보니 그렇게 되어 있다고 말한다. 만약에 하지 않았다면 얻을 수 없는 것을 지금 가지고 있으니 감사하다고 한다. 라이브커머스를 진행하면서 평소 무대에서 하던 인터뷰와는 다른 말을 들을 수 있어 참 행복하다.

라이브커머스 진행을 배워서 직접 현장에 나가 농민들을 만나보면, 방송을 끝내지 않고 계속 이야기하고 싶을 때도 있다. 쌀 한 톨, 과일 한 알에 자식 돌보듯 정성을 쏟았는데 태풍을 세 번이나 만났다는 분이 계셨다. 하우스가 부서지고 나무가 뽑혀나가고 곡식에 물이 찬 이야기까지 들으니, 가격을 깎아달라고 권하기가 너무 어려웠다.

그런 내 마음을 읽으셨는지 대표님들이 특가를 외쳐주신다. 실시간이 끝나면 두 손 가득 정을 쥐어주신다. 여담이지만 며칠간 고생해서 쓴 이 책의 어느 부분에 내 마음을 담을까 생각했었는데 여기에 쓰게 되었다.

이분들을 만나면서 나의 도전도 계속될 수 있었다. 전혀 모르는 상태에서 하나씩 배우면서 그 다음 것을 알아나가고 어설프게 시작했는데 판매까지 이뤘다. 첫 상품이 판매된 후 다른 질문이 생기고, 그것을 해결하는 과정을 반복하면서 성장하는 것이다.

처음 마이크를 잡고 무대에 올랐을 때도 무작정 시작한 것이 지금까지 오게 되었다. 하다 보면 어려움에 처할 수도 있고 그 때마다 상처를 입을 수도 있다. 하지만 그것은 자신이 지금 망설이지 않고 그 일을 하고 있다는 증거이고, 포기하지 않았다는 의미다.

"위험이 있는 곳에 기회가 있고, 기회가 있는 곳에 위험도 있다. 둘은 분리될 수 없고 함께한다."

나이팅게일의 말이다.

지금 쓰고 있는 이 글도 말로 표현하면 쉽고 편하게 할 수 있는데, 아직 숙달되지 않은 글쓰기를 하려니 힘들고 하기 싫을 때도 있다. 하지만 어설프게라도 책을 출간했던 경험이 있어서, 멘탈이 세 번만 무너지면 책이 완성된다는 것도 경험으로 알고 있다.

그런데 이제 겨우 한 번 무너져서 그런지 걱정이다.

첫 책을 출간하고 그 책을 한 번밖에 읽지 못했다. 책장을 보면 뿌듯한데 그 책장을 넘기기는 싫다. 문학을 전공한 것도 아니고 독서를 많이 한 사람도 아니어서 부족한 점이 많다. 하지만 남들이 어려워하는 책을 결국 쓰고야 말았다.

참으면 결국 해낸다. 나 같은 사람도 책을 쓰는데, 책 쓰기보다 훨씬 쉬운 말하기와 그보다 더 쉬운 라이브커머스 진행이라면 실로 누구든 할 수 있다. 하고 싶어 하지만 고민하고 망설이는 많은 사람들에게 일단 시작하라고 권하고 싶다.

처음은 연습이고 두 번째는 복습이다. 세 번째에 모든 것을 내려놓고 잘하면 된다. 아직 한 번도 해보지 않았는데 겁먹고 시작도 못하는 것은 안타까운 일이다.

책이 마무리되어 가니 글이 잘 써진다. 나는 어떤 일이든 생각나면 실행부터 하기 때문에 계획에 없던 책을 썼다. 이 책은 다른 일을 아무것도 하지 못한 채 2주 만에 써내려간 것이다.

세상에 안 되는 것은 없다. 하지 않아서 안 되는 것이다. 마음먹었을 때 시작하는 것이 가장 좋다. 그렇지 않고 마음이 떠난 후에는 몇 배의 노력이 필요하다. 나는 지금 무엇을 하는지 모를 정도다. 한숨도 자지 않고 라이브커머스 책 쓰기에 매달려 있지만, 곧 완성한다는 마음에 피곤함을 느낄 겨를조차 없다.

'모든 것은 자기 안에 있다. 그리고 실패는 없다'라는 말을 나는 항상 강조한다. 실패라는 단어는 잘못 만들어진 것이다. 성공이라는 단어는 있어도 성공의 반의어가 실패여서는 안 된다. 성공의 반대말은 경험이다. 실패는 아무것도 하지 않아 어떤 일도 일어나지 않았을 때 그것이 실패다.

라이브커머스는 쇼커머스와 라이브커머스로 나눌 수 있다. 쇼호스트가 진행하는 쇼커머스는 대화형이라기보다 설명 위주의 진행이다. 기본적으로 제품이 구성되어 있어야 하고, 촬영을 담당하는 사람과 영상편집자, 음향관리까지 최소 3~5명의 스태프들이 함께해야 하는 것이 쇼커머스다.

나는 인터뷰와 소통 위주로 진행되는 라이브커머스를 지향한다. 라이브커머스 진행자 혼자서 카메라 들고 방송 리포터처럼 현장을 다니는 것이다. 방송하는 동안 소비자가 주문 양식에 맞추어 DM이나 문자로 주문을 하면, 방송 후 일괄 발송한다. 결제가 편해야 매출이 증가하기 때문에 간편 결제가 인기 있다. 간편 결제만큼이나 스마트뱅킹도 사용하기 편하기 때문에 결제 문제로 판매량이 줄어들어야 할 이유는 없다.

메이저 쇼핑몰에 입점해서 판매를 잘하고 있는 곳은 영세업자들이 라이브커머스 플랫폼을 이용할 수 있도록 양보를 해주면 좋겠다. 브랜드가 있는 제품은 간단하게 소개해도 판매가 잘되고, 실시간으로 특가 세일을 하지 않아도 인기가 있다. 하지만 중소기업 브랜드는 라이브 방송을 해도 사람들의 관심을 못 받는 경우가 흔하다.

결국 라이브커머스도 브랜드 특가 세일 홍보로 끝날 수도 있다. 그래서 나는 농산물 라이브커머스 진행을 찾아 나섰다. 이것은 소비자와 생산자를 바로 연결할 수 있고, 실시간이 끝나면 왠지 좋은 일을 끝낸 것 같아 뿌듯해진다. 이제 채소 값이 폭락해서 산지에서 트랙터로 갈아엎는 일이 없었으면 한다. 그리고 제철을 지나서 상품성이 조금 줄어든 산물이나 제품이라도 소비자들에게 실시간으로 경매를 진행해서 판매할 수 있기를 기대한다.

쇼호스트의 깔끔한 설명과 라이브 MC의 현장 경험이 조화를 이룬다면 멋진 그림이 그려질 것이다. 언젠가는 전국투어를 하면서 지역 특산물 대전 라이브커머스를 해보겠다.

멀티플레이 진행을 하라

멀티플레이 진행은 어떤 것일까? 한 분야의 전문가가 되는 것 보다는 다양한 분야를 경험해보는 것이 진행자에게는 많은 도움이 된다. 막힘없는 진행을 위해서는 배움을 멈추지 말아야 하고 그 과정들을 즐겨야 한다. 아무리 사소한 경험이라도 그것이 어떤 영감을 줄지는 알 수 없다.

현대그룹의 성장 기반이 된 일화도 경험이 있었기에 가능한 것이었다. 고 정주영 회장의 경험은 누구도 상상하지 못한 결과를 가져왔다.

1952년 12월 미국 아이젠하워 대통령 당선자의 방한으로 유엔군 묘지 녹화공사를 하게 된 것이 계기였다. 당시 미8군은 정주영 회장에게 유엔묘지 녹화공사를 제안했다. 정주영 회장은 기지를 발휘하여 한겨울에 불가능한 녹화공사를 과감하게 이뤄냈다. 넓은 김해평야의 보리를 트럭으로 옮겨 유엔묘지를 푸르게 만든 것이었다.

시골에 살았던 사람들은 보리 싹이 추운 겨울에 올라오기 시작하는 것을 알고 있을 것이다. 하지만 그것을 대안으로 생각하고 실행하는 사람은 아무도 없었다. 그 후 미군의 모든 공사를 현대에서 맡았고, 이는 현대그룹의 성장 기반이 되었다.

나는 이 일화를 책에서 인상 깊게 읽었다. 시골에서 보리가 자라는 것을 직접 보았기 때문에 더 대단하게 느껴졌다. 정주영 회장은 위기와 기회를 가리지 않고 집중해서 실행을 통해 극복해냈다.

현재 우리나라의 대기업을 보면 주력 분야가 있는데도 다양한 분야에 진출해 있다. 멀티플레이. 이것은 틀 안에 갇히기 쉬운 우리의 능력을 최대화시킬 수 있는 좋은 방법이다. 배우고 싶은 게 있으면 배우고, 하고 싶은 게 있으면 해봐야 한다.

먼저 자신이 할 수 있는 것이 무엇인지부터 체크해보라. 다른 사람의 재주를 부러워하지만 말고, 자신에게서 재능을 찾아내어야 한다. 언제 우리의 잠재의식이 발견될지 아무도 모른다. 평소 아주 사소한 것도 쉽게 지나치지 않고 관심을 가지는 습관을 길

러야 한다. 사람들이 새로운 것만을 찾을 때도 진행자는 옛것과 새것을 함께 알고 있어야 한다.

또한 라이브 진행자는 허세를 부려서는 안 된다. 잘못이라고 판단되면 빨리 정정해야 한다. 이때는 잘못을 인정하고 수정하는 것을 부끄러워할 필요가 없다. 인정할 줄 아는 진행자의 태도가 다른 사람들의 눈에는 오히려 빠르게 처리할 줄 아는 멀티플레이로 비쳐진다.

진행을 하다보면 감정조절이 어려운 상황이 가끔 있다. 의도와 상관없이 주변 상황에 의해서 진행자를 힘들게 하는 경우다. 라이브에서는 갑작스러운 변수가 많아서 그런 상황을 일부러 피하려 하면 더 힘들어진다.

실제로 감정조절을 잘하지 못하는 후배가 있다. 그러나 아무리 공든 탑을 쌓아도 감정을 억누르지 못하면 모든 것이 무너져 버린다. 친한 후배들에게는 감정이 전부라고 평소에 조언해준다. 나도 상황이 발생하면 감정은 무조건 억누른다. 그러지 못하면 행동으로 나타나기 때문에 그 후의 상황은 불 보듯 뻔하다.

대기업 총수들의 얼굴을 보면 거의 무표정이다. 밝으면 좋을 것 같지만 질투의 대상이 될 수 있어 표정 관리를 하는 듯 보인다. 알리바바의 마윈 회장은 이렇게 말했다.

"오늘은 힘들고, 내일은 더 견디기 어려울 것이다. 그러나 그 다음 날은 찬란할 것이다."

짧은 말이지만 그 속에 마윈 회장의 각오와 감정을 느낄 수 있다.

코로나19로 모두가 힘들다. 기업과 개인 할 것 없이 모두가 너무나도 힘든 상황이다. 지난해 많은 전문가들이 올해는 더 힘들 것이라고 했다. 찬란한 날만 생각하면서 버텨야겠다.

우리는 기나긴 터널을 지나고 있다. 터널 밖에서는 무엇이 기다리고 있을지 아무도 모른다. 그래서 그 무엇을 대비하기 위해 자기계발을 하고 독서와 공부를 하는 것이다. 내면을 단련하고 자기만의 강점을 만들어내어야 한다. 남들과 비슷한 노력만으로는 더 높은 레벨로 진입하기는커녕 자칫 방심하면 구석으로 처박힌다. 우리가 할 수 있는 모든 능력을 끌어 모아야 할 때다.

멀티플레이를 하려면 체력과 정신력이 좋아야 한다. 축구 경기에서 체력이 제일 좋아야 하는 포지션은 미드필더다. 공격과 수비를 동시에 해야 하고 전체적인 밸런스를 조절해야 한다. 아무리 준비된 멀티플레이어라도 감정을 누르지 못하면 한순간에 무너진다. 멀티플레이어가 갖추어야 할 가장 중요한 것이 바로 감정조절이다.

지금까지 라이브커머스 진행에 대해서 두서없이 써내려왔다. 라이브커머스는 TV홈쇼핑과 라이브 MC의 중간단계쯤 되는 것 같다. 어느 누구도 속 시원하게 말해줄 수 없고, 누군가 말한다 해도 그것이 정답이 아니라고 반박할 수 있다.

하지만 위축된 경제를 활성화시킬 수 있는 방법임은 분명하다. 업종에 따라 라이브커머스 진행이 가능한 것도 있고 불가능한 것도 있을 것이다. 가능한 부분 중에서도 쇼호스트가 해야 할 부분과 MC가 해야 할 부분으로 나뉜다. 이렇게 나누는 것은 목적과 방법에서의 차이 때문이다.

이제 시작되는 라이브커머스 시장은 누구나 뛰어들 수 있다. 시장에서 장사를 하시던 분이 판매를 목적으로 마이크를 잡는다면 제일 많은 판매량을 올릴 것이다. 다만 온라인에는 항상 풀어야 할 숙제가 있다. 아무리 뛰어난 판매 기술이 있어도 스마트폰을 활용할 줄 모르면 그 능력을 사용할 수 없다. 라이브커머스 교육을 활성화시켜서 다시 삶의 활력을 되찾을 수 있기를 간절히 바란다.

★★★ 참고자료 ★★★

정지훈, 《거의 모든 인터넷의 역사》, 메디치미디어, 2014

장석주, 《대추 한 알》, 이야기꽃, 2015

김현학 · 양희승 · 이나경, 《MCN(Multi-Channel Network) 활성화가 고용에 미치는 영향》, 한국노동연구원, 2020

박윤진, 〈간접광고(PPL : Product PLacement)〉, 《월간상장》 2007년 8월호, 한국상장회사협의회, 2007

지석호 · 정요훈 · 김영오, 〈실시간 온라인 웨비나(Webinar) 활용방안 연구〉, 《대한토목학회지》 제64권 제11호, 대한토목학회, 2016

장혜수 · 여은아, 〈3D 가상 인플루언서에 대한 20-30대 남녀 소비자 인식〉, 《복식문화연구》 제28권 제4호, 복식문화학회, 2020

주용완, 〈국내 라이브 커머스 플랫폼 시장 진단〉, 《KISA Report》 2021년 3월호, 한국인터넷진흥원, 2021

쑹루이쉐(Song Ruixue), 〈상호작용성과 관계품질이 라이브 스트리밍

소셜커머스에서 중국 소비자의 구매의도에 미치는 영향: 사회적 실재감과 몰입의 매개효과와 사회적 지지의 조절효과〉, 박사학위, 수원대학교 경영학과 대학원, 2020

덩나(Deng Na), 〈코로나19로 인한 중국 소비자의 불안감과 지루함이 라이브 스트리밍 커머스에 미치는 영향에 관한 연구: 방송의 인터렉션의 조절효과를 중심으로〉, 석사학위, 동국대학교 광고홍보학과 대학원, 2020

하오잉잉(Hao Yingying), 〈라이브 스트리밍의 방송과 매체 특성이 중국 소비자 구매의도에 미치는 영향: '타오바오 라이브 스트리밍' 플랫폼에 대한 분석을 중심으로〉, 석사학위, 경희대학교 무역학과 대학원, 2020

허녠원(He Nianwen), 〈라이브 커머스 플랫폼과 소비자의 구매의도 연구〉, 석사학위, 건국대학교 경영학과 대학원, 2021

주이페이(Zhu Yifei), 〈왕홍의 특징이 구매의도와 구전효과에 미치는 영향〉, 석사학위, 건국대학교 경영학과 대학원, 2021

국가법령정보센터 https://www.law.go.kr

중소벤처기업부 https://www.mss.go.kr

유튜브 '쿠팡 Coupang' 채널 https://www.youtube.com/c/coupang

타오바오 https://world.taobao.com

OBS Studio https://obsproject.co.kr

중앙경제평론사 Joongang Economy Publishing Co.
중앙생활사 | **중앙에듀북스** Joongang Life Publishing Co./Joongang Edubooks Publishing Co.

중앙경제평론사는 오늘보다 나은 내일을 창조한다는 신념 아래 설립된 경제 · 경영서 전문 출판사로서
성공을 꿈꾸는 직장인, 경영인에게 전문지식과 자기계발의 지혜를 주는 책을 발간하고 있습니다.

초보 셀러를 위한 **라이브커머스 성공 비밀노트**

초판 1쇄 인쇄 | 2021년 8월 15일
초판 1쇄 발행 | 2021년 8월 20일

지은이 | 장기진(KiJin Jang)
펴낸이 | 최점옥(JeomOg Choi)
펴낸곳 | 중앙경제평론사(Joongang Economy Publishing Co.)

대　　표 | 김용주
책임편집 | 백재운
본문디자인 | 박근영

출력 | 상식문화　종이 | 한솔PNS　인쇄 | 상식문화　제본 | 은정제책사

잘못된 책은 구입한 서점에서 교환해드립니다.
가격은 표지 뒷면에 있습니다.

ISBN 978-89-6054-277-8(03320)

등록 | 1991년 4월 10일 제2-1153호
주소 | ㊄ 04590 서울시 중구 다산로20길 5(신당4동 340-128) 중앙빌딩
전화 | (02)2253-4463(代)　팩스 | (02)2253-7988
홈페이지 | www.japub.co.kr　블로그 | http://blog.naver.com/japub
페이스북 | https://www.facebook.com/japub.co.kr　이메일 | japub@naver.com
♣ 중앙경제평론사는 중앙생활사 · 중앙에듀북스와 자매회사입니다.